처음
시작하는
장자

슬기로운 동양고전

「처음 시작하는 장자」

김세중 편저

배우고 익히면 즐거움이 터진다
지혜가 꼬리를 무는 인생 공부

스타북스

나비가 되어 훨훨 자유로이
날아다니는 장자의 꿈

장자는 만물 일원론을 주창하였다. 어느 날 장자는 자기가 나비가 되어 훨훨 자유로이 날아다니는 꿈을 꾸었다. 그러나 잠을 깨니 내가 꿈을 꾸고 나비가 된 것인지, 아니면 나비가 꿈을 꾸고 지금의 내가 되어 있는 것인지 모를 일이었다. 장자는 이처럼 상식적인 사고방식에 의문을 품고 유학자들이 말하는 도덕적 가르침 따위는 하잘 것 없는 것이라고 하였다. 그리하여 노자의 생각을 이어받아 자연으로 돌아갈 것과 무로 돌아갈 것을 주장하였다.

장자의 인생론에서 이상적인 삶이라는 것은 근심의 근원인 자기의 육체·정신을 버리고 '허정虛靜', '염담恬淡'의 심경에 도달하여 자연의 법칙에 따르고 어떠한 것에도 침해받지 않는 자유·독립을 얻어 세계의 밖에서 초연하게 노니는 것이다. 이것을 실현한 사람을 '진인'이라고 하며, 이 인생론의 근저에는 세계는 불가지의 실재인 도의 표상이라는 세계관과, 개념적 인식과 가치판단은 불가능할 뿐 아니라 무의미한 것이고, 철저한 무지만 올바른 것이라고 하는 지식론이 깔려 있다.

이 지식론은 명가名家의 궤변이나 전변田騈의 제물설齊物說의 비판적 섭취에서 성립, 얼마 후에는 세계관과 혼합하여 세계의 존재와 운동은 '도'道에 의해 지탱되고 있다는 존재론, 우주 생성의 전설을 받아들여 태초의 '혼돈'='도'로부터 세계가 유출하였다고 하는 우주생성론 및 음양오행설을 채용하여 물物의 생사生死를 기氣의 집산으로 설명한 자연론 등이 전개되었다.

『장자』에는 특히 우화가 많이 등장하는데, 어떤 사람들은 『장자』의 이런 일화들을 '남들 눈 밖에 나는 짓 하지 말고 튀지 않게 살아야 장생한다'는 식의 처세론으로 해석하기도 한다. 위에서도 말했듯이 『장자』라는 책 자체가 워낙 해석의 방향성이 무궁무진하기 때문에 완전히 틀린 해석이라고 볼 수는 없다.

조삼모사 — 정신과 마음을 통일하려고 수고를 하면서도 모든 것이 같음을 알지 못하는 것을 '아침에 세 개'라고 말한다. 무엇을 '아침에 세 개'라고 하는가? 옛날에 원숭이를 기르던 사람이 원숭이들에게 도토리를 주면서 "아침에 세 개, 저녁에 네 개 주겠다(조삼모사朝三暮四)"고 하자 원숭이들은 모두 화를 냈다. 다시 "그러면 아침에 네 개, 저녁에 세 개 주겠다."고 하자 원숭이들은 모두 기뻐하였다. 명분이나 사실에 있어 달라진 것이 없는데도 기뻐하고 화내는 반응을 보인 것도 역시 그 때문이다. 그래서 성인은 모든 시비를 조화시켜 균형된 자연에 몸을 쉬는데, 이것을 일컬어 '자기와 만물 양편에 다 통하는 것(양행兩行)'이라 한다.

이 일화는 사실 '똑같이 7개의 도토리를 주는데 그것도 모르고 아침에 많이 주니 눈앞의 득만 보고 좋다고 하는 원숭이의 어리석음'을 말하고자 하는 것이다.

호접지몽 ─ 옛날에 장주(장자)가 꿈에 나비가 되었다. 팔랑팔랑 춤을 추는 나비였다. 스스로 깨닫기를, 뜻에 딱 맞았던가? 자신이 장주임을 알지 못했다. 갑자기 꿈을 깨니 엄연히 자신은 장주였다. 장주가 꿈에 나비가 되었던 것인가? 나비가 꿈에 장주가 되었던 것인가? 장주와 나비라면, 반드시 구분이 있다는 것이다.

장자는 자기 처가 죽었을 때도 슬퍼하거나 눈물을 흘리지도 않았다. 삶과 죽음이 본시 자연의 일부분이자 순환의 일부분이니 누군가가 우리 곁을 떠나간다 한들 하등에 슬퍼할 이유가 없다는 것이다.

장자의 죽음이 가까워지자, 제자들은 그를 성대히 장사지내려 하였다. 그때 장자가 말하였다.

"나는 하늘과 땅을 관과 겉관으로 삼고, 해와 달을 한 쌍의 구슬 장식으로 삼고, 별자리를 진주와 옥 장식으로 삼고, 만물을 부장품으로 삼으려고 하니, 나의 장구는 이미 다 갖추어진 것이 아닌가? 여기에 무엇을 더 보태겠느냐?"

제자들이 말하였다.

"저희들은 까마귀나 솔개가 선생님을 먹어버릴까 두렵습니다."

장자가 말하였다.

"땅 위에 놓아두면 까마귀와 솔개가 먹을 것이고, 땅 아래에 묻으면 개미들이 먹을 것이다. 이쪽 놈이 먹는다고 그것을 빼앗아 딴 놈들에게 주는 셈이다. 어찌 그리 편협하게 생각하느냐?"

이것은 장자의 처의 죽음과 더불어 장자의 자연관을 명확히 알수 있는 구절이다. 『장자』는 이렇게 자기 자신이 자연의 일부분이고 자연과 함께 살고 죽어간다는 사실을 인정하면 죽음이라는 피할 수 없는 막연한 공포마저도 초월할 수 있다는 가능성을 보여준다.

이 책은 나비가 되어 훨훨 날아다니는 꿈을 꾸는 장자의 자유경전이나 다름없다. 음악에도 클라이맥스가 있듯이 경전에도 짧지만 강한 핵심이 존재한다. 이러한 핵심을 명언이라 말하는데 이는 작품 전체의 핵심을 함축시킨 것으로서 창작의 영감이 고스란히 결집되어 있는 지혜의 결정체이다. 이러한 지혜의 결정체들은 알알이 열매가 되어 지금까지도 전해오고 있다. 더 나아가 그 과정에서 우리 인류에게 끊임없이 계시와 가르침을 전달해주고 있다. 이는 수백 수천가지에 달하는 후세의 작품들은 도저히 흉내조차 낼 수 없는 크나큰 업적이라 말해도 과하지 않다.

그래서 우리는 독자들을 위해 가장 광범위한 영향력을 발휘한 고전 중에서 사람들에게 널리 알려진 명언만을 엄선했다. 그리하여 독자들이 일상생활에서 자주 접했던 명언들의 유래와 쓰임을 쉽게 이해할 수 있도록 고전의 새로운 장場을 마련했다.

이 책은 명언 한 문장을 중심으로 각각 '명언 이야기' '명언의 역사적 사례' 이 두 가지 관점에서 전 방위적인 분석과 해석을 가미했다. '명언 이야기'에는 명언이 생겨난 배경과 이야기를 실었다. 이를 통해 독자들이 명언의 역사적 배경을 이해할 수 있도록 했다.

명언은 역사의 기록이며 오랜 시간 축적된 문화의 결정체이다. 서로 다른 시공간 속의 중화 민족의 경험과 지혜를 융합하여 자연, 사회, 역사, 인생 등에 대한 중국인의 생각과 가치관을 나타내고 있다. 이러한 점을 고려하여 우리는 방대한 역사물 속에서 가장 생동감 넘치는 이야기들만을 선별하여 명언을 재해석한 책으로, 읽기 편하고 이해하기 쉽게 정리했다.

앞날은 기다릴 수 없고 지난날은 돌이킬 수 없다

흐르는 물에는 자신을 비춰 보지 못한다

학문을 이용하여 악행을 하다

5

대롱으로 하늘을 엿보고 송곳으로 땅을 찌르다

6

그대는 물고기가 아닌데
어찌 물고기의 즐거움을 안다 하는가

말로도 탄복하고 마음으로도 탄복하다

처음
시작하는
장자

누가
뭐라 하든
개의치
아니하다

장자의
나비 꿈

莊周夢蝶(장주몽접)

장자가 꿈에 나비가 되어 훨훨 날아다니는 꿈을 꿨는데 매우 즐거운 나머지 자신의 존재조차 잊어 버렸다.

장자는 몽蒙 지방 사람으로 이름은 주周이다. 장자는 몽에서 관직에 있었으나 뒤에 은거하며 정치에 관여하지 않고 조용히 살았다.

어느 날 장자는 꿈을 꾸었는데 나비가 되어 훨훨 날아다녔다. 매우 황홀하면서도 자신이 장자라는 것을 깨닫지 못했다. 그러다가 문득 잠에서 깨었는데 기분이 매우 이상했다. 정말 자신이 장자이면서 나비가 되는 꿈을 꾸었는지 나비인데 장자가 된 꿈을 꾸었는지 알 수가 없었다.

이 이야기는 장자의 인생관을 명확히 보여주면서 형이상의 '도

道'라는 개념과 형이하의 장자와 나비의 관계를 보여주고 있다. 사람들은 잠에서 깨어났을 때 보고 듣는 모든 것이 바로 현실이며 꿈은 환상이라고 생각한다. 하지만 장자는 그렇게 여기지 않았다. 그는 자신과 나비 모두 현실이며 도가 이동하는 과정이라고 보았고 형이하의 모든 것은 수만 번 변하고 바뀌어도 도의 물화物化에 불과하다고 여겼다. 장자도 마찬가지이고 나비도 마찬가지이다. 모든 것에는 구분이 있지만 본질적으로는 모두 허무한 '도'일 뿐이며 아무런 차이도 없다. 이것을 '물화物化'라고 한다.

───────── **지혜가 꼬리를 무는 역사 이야기** ─────────

송나라 시인 임포林逋는 거만하고 고고한 성격이었으나 나이가 들어 세상을 떠돌면서 인생이란 한낱 꿈에 불과하다 생각하여 항주杭州 서호西湖의 구산孤山으로 들어가 은거한다. 그리고 이따금씩 친구들과 교우해 시를 읊었다.

임포는 산에 매화나무 삼백 그루를 심고는 잡초를 뽑고 비료를 주며 정성껏 가꿨다. 그리고 매화나무가 자라면 내다 팔았는데 그의 매화나무는 언제나 상인들에게 인기가 좋았다. 그는 또한 대나무 통 삼백육십오 개를 준비하여 매화나무를 팔아 번 돈을 넣고 통마다 번호를 써 놓았다. 그리고 손님이 있을 때나 없을 때나 상황이 어떻든지 간에 하루에 대나무 통 하나에 담긴 돈으로 생계를 꾸리니 한 푼도 헛

되이 쓰지 않았다.

임포는 황새 두 마리를 키웠는데 손님이 오면 휘파람을 불어 황새를 불렀다. 그리고 돈과 종이를 싼 보따리를 황세의 목에 걸어 시장에 가서 술과 고기를 사오게 했다. 황새를 본 상인들은 임포의 집에 손님이 온 것을 알고 종이에 써진 물건 대로 돈을 거슬러서 다시 황새에게 실려 보냈다.

성공하면 왕이고
실패하면 도적이다

成王敗寇(성왕패구)

그러나 전성자는 하루아침에 제나라 군주를 죽이고 그 나라를 훔쳤다. 훔친 것이 어디 그 나라뿐이었으랴. 그는 아울러 성인이 이룩한 법까지도 훔쳤다. 그러므로 전성자는 도둑이라는 이름을 얻게 되었지만 그 몸은 요, 순과 같은 안정된 지위에 있었으니 작은 나라는 감히 비난하지 못했고 큰 나라도 감히 정벌하려 들지 못했다. 이렇게 전성자는 12대까지 계속 제나라를 이어갔으니 그야말로 제나라를 훔치고 성인이 이룩한 법까지 훔쳐 도둑의 몸을 지킨 것이 아니겠는가?

춘추春秋시대, 좀도둑은 붙잡혔으나 나라를 훔친 거물 도둑은 도리어 제후가 되었다. 장자는 제齊나라의 전성자田成子야말로 나라를 훔친 대표적인 인물이라 생각하였다. 전성자는 전상田常·수항隨恒이라고

1장. 누가 뭐라 하든 개의치 아니하다

도 불리는 제나라의 대부大夫였다. 그의 7대 조상 경중敬仲은 본래 진陳나라의 귀족이었으나 후에 제나라로 거주지를 옮기고 제나라의 대부가 되었다. 전田을 식읍食邑으로 받아서 그 '전'자를 성씨로 삼았다고 한다.

전상의 아버지 전걸田乞이 죽고 그의 아들 전상이 아버지를 대신하여 제상齊相이 되면서 전성자가 되었다. 전성자는 전걸이 제정해 놓은 정책을 이어갔다. 그는 가난한 백성들에게 대부금을 대출해 줄 때 적은 이자로 많은 돈을 빌려주는 방법으로 백성들의 큰 지지를 얻었다. 백성에게 은덕을 베푸는 전성자의 이러한 행동은 엄청난 효과가 있었다. 당시 전해 내려오던 민요는 이렇게 노래하고 있다.

嫗乎採芑 할머니는 약초를 따서
归乎田成 전성자에게 바치네.

제齊 간공簡公 4년(기원전 481년), 전성자는 무력을 동원하여 정변을 일으켜 제 환공을 죽이고 간공의 동생 오鶩를 제 평공平公으로 옹립했다. 그러고는 자신은 대신의 자리에 앉았다. 이뿐만 아니라 그는 돈과 세력을 거머쥔 많은 귀족들을 죽이고 자신의 봉토를 넓히며 정권을 틀어쥐었다. 전성자는 백성을 위하는 여러 정책을 통해 민심을 사로잡기도 하였다. 이리하여 제후는 사실상 허울 좋은 꼭두각시가 되었다.

기원전 386년, 전성자의 4대손인 전화田和는 제 강공康公을 섬으로 유배 보내고 자신이 제후의 자리에 오르면서 강씨姜氏들의 시대는 막을 내렸다.

─── 지혜가 꼬리를 무는 역사 이야기 ───

북송北宋 시대 송나라 군대는 서하西夏와의 전투에서 매번 고배를 마셨다. 그래서 북송은 어쩔 수 없이 서하의 독립적인 위치를 인정하고 해마다 서하에 비단 이십만 필, 은자 오만 냥, 찻잎 이만 근을 바쳤다. 송나라는 하나라와 이렇게 삼십여 년 동안 불안정한 평화를 유지하였다.

그러던 중 왕안석王安石이 재상宰相의 자리에 올랐다. 그는 좋은 인재를 알아볼 줄 아는 능력 있는 자였다. 왕안석은 송나라의 낡은 제도를 개혁하였고 송나라가 건국된 이래 가장 뛰어난 통솔력을 갖췄다고 평가받는 왕소王韶를 발탁하여 연안 지역의 안무사安撫史를 맡도록 하였다.

왕소는 매우 유식한 사람으로 일찍이 조정에 '서하를 얻고자 한다면 먼저 하황河湟 지역을 되찾아야 한다'는 상소를 올려 송宋 신종神宗에게 극찬을 받기도 하였다. 송 희녕熙寧 5년(1072년)에 송나라는 왕소를 보내 제번부諸蕃部를 복종시켰다. 그로부터 이 년 동안 왕소는 희하熙河 지역에서 천이백 리 땅을 개척하였고 토번왕국土蕃王國에 이백

년 동안 점령되었던 희주熙州·하주河州·하황河湟 전역 등의 이십만 평방미터의 땅을 되찾았으며 삼십여만 명의 번족蕃族을 귀순시켰다. 이뿐만 아니라 그는 서하에 대한 협공 태세를 갖춰 서하를 총공격할 준비를 하였다.

그러나 사마광司馬光이 왕안석의 자리를 꿰차 앉으면서 왕소는 더 이상 조정의 지지를 받지 못하게 되었다. 정치에 있어서 성공하면 영웅이요, 실패하면 도적이라는 법칙이 어김없이 성립되어 전공戰功이 뛰어난 왕소는 변경 지방을 개방하여 말썽을 일으켰다며 비난을 받게 되었다. 결국 왕소가 벼슬자리에서 내쳐지고 귀양살이를 가면서 모든 것은 원점으로 돌아갔다.

터무니없고 황당하다

大而無當 往而不返 (대이무당 왕이불반)

견오가 연숙에게 물으며 이르기를 "내 접여에게 들은 이야기는 터무니없고 황당하기 그지없다네. 책임지지도 못할 말을 하고 싶은 대로 내뱉으니 나는 그의 말이 놀랍고도 두려웠다네. 마치 은하수와 같이 끝이 없고 문밖의 도로와 정원 사이처럼 동떨어진 것이 일반적인 사람의 생각과는 확연한 차이가 있더군. 정말이지 이해가 가지 않았네."라고 하였다.

접여接輿는 초楚나라의 현인이자 은자로 성은 육陸이요, 이름은 통通이다. 그는 공자와 마찬가지로 미치광이인 척하며 벼슬길에 나서지 않았다. 그런 그가 한번은 견오肩吾에게 말했다. "멀리 고사산姑射山이란 곳에 도사 한 분이 살고 계신다네. 살결이 눈처럼 새하얗고 그 자태도 아녀자와 같이 부드럽고 우아하시지. 그분은 오곡 잡곡을 먹지

1장. 누가 뭐라 하든 개의치 아니하다

않고 맑고 신선한 바람과 감로甘露만을 마시며 사신다네. 구름을 타고 용을 부려서 사해四海 밖을 노니시지. 그분이 정신을 집중하면 만물이 재해를 입지 않고 매년 농사가 풍작을 이룬다네."

견오는 그의 말이 의심스러워 도무지 이해가 되지 않았다. 그래서 견오는 연숙連叔에게로 가서 접여가 한 말을 전하며 이렇게 말했다. "내 접여에게 들은 이야기는 터무니없고 황당하기 그지없다네. 책임지지도 못할 말을 하고 싶은 대로 내뱉으니 나는 그의 말이 놀랍고도 두려웠다네. 마치 은하수와 같이 끝이 없고 문밖의 도로와 정원 사이처럼 동떨어진 것이 보통 사람의 생각과는 확연한 차이가 있더군. 정말이지 이해가 가지 않았네." 연숙은 말했다. "그거야 당연하지 않은가! 장님은 그와 함께 아름다운 경관을 감상할 수 없고 귀머거리는 그와 함께 종소리를 들을 수 없는 법이지. 설마 자네는 신체적으로만 장님이 되고 귀머거리가 된다고 생각하나? 앎에 있어서도 장님과 귀머거리가 있다네. 접여의 말은 바로 자네를 두고 한 걸세. 그 도사의 덕행은 만물과 혼연일체가 되었는데 세상 사람들은 분쟁에 여념이 없으니 그가 어찌 고생스럽게 세상의 속된 일에 나서고자 하겠는가? 세상 무엇도 이런 사람을 다치게 할 수는 없다네. 큰 홍수가 나서 물이 하늘까지 이른다 한들 빠져 죽지 않을 것이며 가뭄으로 쇠붙이와 돌이 녹아내리고 땅과 산이 타들어간다고 하여도 그는 뜨겁다 느끼지 않을 걸세. 그의 몸에 붙은 작은 먼지나 부스러기만으로도 요순堯舜을 길러낼 수 있는 사람이 어찌 천하를 다스리는 일 따위를 하겠는가!"

전국시대 상앙商鞅은 진나라 함양咸陽으로 가 총신경감寵臣景監의
도움으로 진秦 효공孝公을 알현하였다. 상앙의 이야기가 길어지자 진
효공은 중간 중간 졸기 시작하였다. 상앙이 돌아간 후 진 효공은 경감
에게 화를 내며 말했다. "네 문객은 황당무계하기 짝이 없구나. 그런
데 내 어찌 그를 임용할 수 있겠느냐?" 경감은 상앙에게 원망의 소리
를 늘어놓았다. 그러나 상앙은 경감에게 다시 한 번 기회를 달라 부탁
하였다.

닷새가 지나고 상앙은 다시 진효공을 알현하였다. 진 효공의 태
도는 지난번보다는 나아졌지만 여전히 상앙의 말을 귀담아 듣지 않
았다. 상앙이 돌아간 뒤 진 효공은 또다시 경감을 나무랐고 경감은 이
번에도 역시 상앙을 원망하였다. 상앙은 말했다. "저는 군왕께 왕도王
道를 말씀드렸습니다. 그러나 군왕께선 이를 이해하려 들지 않으십니
다." 상앙은 다시 한 번 진 효공을 알현하여 이야기를 나눴고 진 효공
은 마침내 그를 높이 평가하였다. 하지만 여전히 그를 중용하지는 않
았다.

상앙이 물러간 뒤 진 효공은 경감에게 말했다. "네 문객이 이번
엔 아주 좋은 말을 하는구나. 내 다시 그와 이야기를 나눠 봐야겠다."
이 말을 전해 듣고 상앙은 경감에게 말했다. "저는 군왕께 패도霸道를
말씀드렸고 군왕께선 제가 말한 방법을 받아들이실 듯합니다. 어르신

께서 군왕을 다시 만나 뵈라 이르시니 제가 이번엔 무슨 말을 해야 할지 분명히 알겠군요." 상앙은 다시 진 효공을 찾아뵈었다. 진 효공은 몇 날 며칠 상앙의 이야기를 들으면서도 조금도 싫증내는 기색이 없었다. 경감은 상앙에게 말했다. "대체 무슨 이야기로 우리 군왕의 마음을 움직였느냐? 군왕께서 아주 기뻐하시는구나!" 상앙은 말했다. "저는 군왕께 제도帝道를 말씀드렸습니다. 하夏·상商·서주西周 삼 대를 본받고자 하는 것은 그저 허무한 이상일 뿐 지금 시대와는 적합하지 않습니다. 그래서 저는 세 차례 만남을 통해 군왕께서 부국강병에 관심이 많다는 것을 깨닫고 군왕께 실질적인 부국강병에 대해 말씀드렸습니다."

넋을 잃고
우두커니 있다

呆若木鷄(태약목계)

이제 거의 다 되었다. 다른 닭이 앞에서 소리 내며 덤벼도 조금도 동요함이 없고 마치 나무로 깎아 만든 닭처럼 보이니 정신적인 준비가 단단히 된 것이다. 다른 닭들은 감히 덤벼들지 못하고 달아난다.

전국시대 닭싸움은 대표적인 귀족 오락의 하나였으며 주周 선왕 宣王은 닭싸움 광이었다. 기성자紀渻子라는 사람은 주 선왕을 대신하여 닭을 키웠는데 그가 키우는 닭들은 보통 암탉이 아니라 닭싸움에 출전할 쌈닭이었다.

기성자가 왕을 대신해 닭을 키운 지 겨우 열흘째 되던 날 주 선왕이 찾아와 물었다. "이제 닭싸움에 내보낼 수 있겠느냐?" 기성자는 말했다. "아직은 때가 아닙니다. 지금 이 닭들은 아직 너무 거만합니다.” 다시 열흘이 지나고 주 선왕이 찾아와 똑같은 질문을 했고, 기성자는 말했다. “인기척만 들리면 싸우려 달려드니 아직 훈련이 덜 되었습니다.” 그로부터 열흘 뒤 주 선왕은 또다시 기성자를 찾아왔다. 물론 그의 쌈닭이 궁금해서였다. 기성자는 말했다.

“아직 아닙니다. 여전히 눈빛도 날카롭고 거만하기 그지없으니 좀 더 훈련이 필요합니다.”

또다시 열흘이 지나고 주 선왕은 큰 기대 없이 닭을 살피러 왔다. 그런데 기성자가 말했다.

“이제 준비가 거의 다 되었습니다. 이제는 다른 닭이 앞에서 소리 내며 덤벼도 조금도 동요함이 없습니다. 나무로 깎아 만든 닭처럼 보이는 것으로 보아 정신적인 준비가 단단히 된 것 같습니다. 다른 닭들은 감히 덤벼들지 못하고 달아나지요.”

주 선왕은 이 닭을 닭싸움 경기에 내보냈고 결과는 과연 기성자가 말한 대로였다.

───────── **지혜가 꼬리를 무는 역사 이야기** ─────────

서진西晉 시대 사마충司馬衷이라는 유명한 바보 황제가 있었다. 그의 부인 가남풍賈南風은 매우 총명하고 재간이 뛰어난 사람이었다. 처음에 그녀는 남편의 명청함에 크게 실망하였다. 그러나 명청한 남편 덕분에 정권을 마음껏 휘두를 수 있게 되자 그녀는 남편이 명청하다는 사실을 오히려 기뻐했다. 가남풍은 사마충에게 자신이 쓴 조서를 베껴 적도록 하여 이를 반포하였다. 그러나 얼마 지나지 않아 사마충의 작은 할아버지 사마륜司馬倫이 일으킨 정변으로 가남풍은 금용성金墉城에 감금당하고 가씨의 일가친척들은 모두 참살 당하게 되었다.

재미있는 사실은 가남풍이 반란군에게 쫓길 때 어쩔 줄 몰라 하며 궁전 사이의 누각에 뛰어 올라 멀리 동궁에 앉아있는 사마충을 발견하고는 문 앞의 난간을 끌어당기더니 큰 소리로 "저는 황후입니다. 지금 제가 이자들에게 폐위를 당하면 후에 폐하도 폐위될 것입니다." 라고 도움을 요청하였다는 것이다. 그러나 이때 우리의 바보 황제는 그 자리에 우두커니 앉아 아무렇지도 않게 그녀가 잡혀가는 모습을 지켜보았다.

가남풍은 마음을 가라앉히고 반란군에게 물었다. "주모자가 누구냐?" "조왕趙王 사마륜과 양왕梁王 사마융司馬肜이시다." 이 말을 들은 가남풍은 막심한 후회를 하며 말했다. "개를 묶어 두려면 그 목을 붙들어 매두어야 할 것을 나는 그저 꼬리만을 붙들어 두었으니 어찌 뒤통수를 맞지 않겠는가!"

가남풍은 황후에서 폐위되어 평민의 신분으로 건시전建始殿에 연금되었다가 얼마 후에 독살당하였다.

1장. 누가 뭐라 하든 개의치 아니하다

물고기를 잡고
통발을 잊다

得魚而忘筌(득어이망전)

통발은 물고기를 잡기 위한 도구로 물고기를 잡으면 통발을 잊고, 토끼망
은 토끼를 잡는 도구로 토끼를 잡으면 토끼망을 잊고, 말은 뜻을 전달하는
도구로 뜻을 얻고 나면 말을 잊는다.

　요堯임금이 천하를 다스릴 때의 일이다. 요임금은 허유許由가 덕
망과 인품을 겸비하였다는 소문을 듣고 그에게 천하를 물려주고자 하
였다. 허유는 이를 거절하고 영수潁水의 남쪽 기산箕山으로 들어가 몸
을 숨겼지만 요임금은 다시 그를 찾아내었다. 요임금이 허유에게 말
했다. "천하를 원치 않는다면 내 너에게 구주장九州長을 맡기겠다." 그
러나 이 말을 듣고 더욱 기분이 상한 허유는 영수라는 강가로 가서 강
물에 귀를 씻었다. '천하도 필요 없다 하였거늘 도리어 구주장이라는

하찮은 직책을 맡으라니. 나를 놀리는 게 아닌가?'라는 뜻이었다.

탕왕湯王 시대로 접어들면서 탕왕은 걸왕桀王을 치려고 하였다. 그래서 그는 변수卞隨 선생을 찾아가 자신의 참모가 되어 달라고 청하였다. 그러나 변수는 그의 청을 거절하며 말했다. "내가 할 일이 아닐 뿐더러 누가 할 수 있을지도 모르겠다." 이번에 탕왕은 무광務光 선생을 찾아가 참모가 되어 달라 부탁하였다. 하지만 무광 역시 같은 말로 이를 거절하였다. 탕왕은 결국 이윤伊尹을 발탁하여 참모로 삼았다.

걸왕을 물리친 후 탕왕은 또다시 변수와 무광에게 벼슬을 맡아 달라 청하였고 이에 두 사람은 말했다. "우리는 참으로 어지러운 세상에 태어났구나. 네 신하된 몸으로 충성을 다할 생각은 하지 않고 백성을 죽이는 것은 어질지 못한 짓이다. 우리는 너처럼 도를 모르는 자는 다시 보고 싶지 않구나." 그리하여 변수는 영수에 몸을 던져 자살하였고 무광 역시 돌덩이를 안고 모수募水에 뛰어들어 스스로 목숨을 끊었다.

장자는 이들 현인의 이야기에 감개하며 말했다. "통발은 물고기를 잡기 위한 도구로 물고기를 잡으면 통발을 잊고, 토끼망은 토끼를 잡는 도구로 토끼를 잡으면 토끼망을 잊고, 말은 뜻을 전달하는 도구로 뜻을 얻고 나면 말을 잊어야 하거늘, 어디로 가야 말을 잊은 사람과 이야기를 나눌 수 있단 말인가!"

　　마하가섭摩訶迦葉은 불교의 창시자 석가모니釋迦牟尼의 십대 제자 중 한 사람이다. 한번은 석가모니가 군중을 이끌고 마가다왕국Magadha (지금의 인도 비하르지방) 라자그리하Rajagriha 동쪽에 위치한 영취산靈鷲山에서 대법회를 열었다. 석가모니는 자리를 잡고 앉은 뒤 우발라꽃을 들고 미소를 지을 뿐 아무런 말도 하지 않았다. 출가한 1,250명의 제자들은 석가모니가 설법하기를 기다렸다. 그러나 석가모니는 계속해서 그 꽃을 바라보고 있을 뿐이었다. 많은 제자들은 마음이 매우 평온하기도 또 불안하기도 하였다. 석가모니 곁에 있던 마하가섭만이 회심의 미소를 지었을 뿐 다른 제자들은 석가모니의 행동이 무엇을 뜻하는지 도무지 알 수 없다는 표정이었다. 그리하여 석가모니는 들고 있던 우발라꽃을 마하가섭에게 건네며 그에게 말했다. "가섭아. 너는 이미 참된 진리를 깨달았구나. 내 너에게 정법안장正法眼藏을 전수해 주마." 그러고는 돌아서서 사람들에게 말했다. "말할 수 있는 것은 이미 여러분에게 다 알려주었고 말할 수 없는 것은 마하가섭에게 주었다." 석가모니는 산을 내려간 후 곧바로 마하가섭에게 그 증표로써 가사袈裟와 바리때鉢를 주었다. 마하가섭은 단지 한 번의 회심의 미소로 언어나 경전에 따르지 않고 마음으로 전하는 선종禪宗의 법문을 세웠다고 할 수 있다. 또한 그는 깨달음을 얻고 언어를 잊은 가장 훌륭한 본보기가 되었다.

남의 단점을
장점인 줄 알고 본뜨다

東施效顰(동시효빈)

서시는 위가 별로 좋지 않아 이웃 사람들 앞에서 종종 미간을 찌푸렸다. 그러자 이웃의 한 추녀가 이를 보고 아름답다 느껴 서시의 행동을 따라 두 손으로 명치를 누르며 이웃 사람들 앞에서 눈살을 찌푸렸다. 마을의 부자들은 이 모습을 보고는 문을 걸어 잠그고 밖으로 나오려 하지 않았으며 가난한 사람들은 처자식을 데리고 그녀를 피해갔다.

춘추시대 월越나라 저라산苧蘿山 근처에 서시西施라고 하는 아리따운 처녀가 살았다. 그녀는 용모가 매우 빼어나 가히 절세미인이라 할 만하였다. 어떤 이가 그녀를 발탁하여 월나라 왕 구천勾踐에게 바쳤고 구천은 다시 그녀를 오吳나라 왕 부차夫差에게 보냈다. 훗날 월나라는 오나라를 물리쳐 나라를 되찾고 원수를 갚는다. 서시는 오나라를

1장. 누가 뭐라 하든 개의치 아니하다

물리치는 데 공을 세워 그 명성이 후대에까지 전해지고 있으며 사람들은 서시를 가장 전형적인 미인으로 보고 있다.

이러한 서시에게는 한 가지 버릇이 있었다. 위가 별로 좋지 않아 종종 명치 부분을 지그시 누르며 미간을 살짝 찌푸리는 것이었다. 그러나 그녀의 용모가 너무나도 빼어난지라 찡그리는 모습조차도 아름다웠고 사람들은 이러한 모습이 더욱 매력적이라 말하기도 하였다.

서시가 사는 마을에 얼굴이 매우 못생긴 처녀가 살고 있었다. 그녀는 사람들이 너도나도 서시의 아름다움에 감탄하며 극찬을 아끼지 않자 서시가 너무나도 부러웠다. 집으로 돌아와 그녀는 서시의 행동을 따라 명치를 꾹 누르며 미간을 잔뜩 찌푸려 보았다. 그녀는 자신도 서시처럼 예뻐 보일 것이라고 생각했다. 그러나 안 그래도 못생긴 그녀가 억지로 표정까지 일그러뜨리니 그 모습은 참으로 가관이었다. 마을 사람들은 이러한 그녀의 모습을 보고 모두 그녀를 피했다. 부자는 대문을 걸어 잠그고 밖으로 나오려 하지 않았으며 가난한 사람들은 처자식을 데리고 그녀를 피해갔다.

지혜가 꼬리를 무는 역사 이야기

한漢나라 시대 서역西域 지방에는 수십 개의 작은 나라들이 있었다. 그 중 오늘날의 신장新疆 쿠처庫車현과 샤야沙雅현 일대에 위치했던 구자국龜玆國이라는 나라가 있었다.

기원전 65년, 구자국의 왕 강빈絳賓은 부인 제사弟史와 함께 장안에 하례를 하러 가서 선제宣帝에게 융숭한 대접을 받았다. 한나라 황실은 그들에게 인수印綬를 하사하고 제사를 공주로 칭하였으며 그 외에도 그들이 머무는 데 불편함이 없도록 여러 가지로 신경을 써 주었다. 강빈과 제사는 장안長安에서 일 년을 머무르며 중원의 예의와 생활방식을 배웠다. 그들이 자기 나라로 돌아갈 때 한나라는 그들에게 많은 선물을 선사하였다.

　　그 후 강빈은 몇 차례 장안을 방문하면서 한나라 선제와 두터운 우의를 다지게 되었다. 한나라 궁궐의 예의 법도가 너무나도 마음에 들었던 강빈은 구자국으로 돌아가 중원의 제도를 도입하여 이를 시행하였다. 뿐만 아니라 그는 한나라의 양식을 모방하여 궁전을 짓고 그 안의 배치나 정실과 소실, 신하들의 옷차림까지도 한나라의 방식을 따랐다. 조회를 열거나 사절을 대접할 때에도 나팔을 불던 본래의 방식을 철폐하고 중원의 의식과 비슷한 방식을 채택하여 종을 울리고 북을 쳐서 의식의 시작을 알리도록 하였다.

　　후에 서역의 각 나라 왕들은 구자국이 새롭게 변화하였다는 소식을 듣고 일제히 구자국을 참관하러 왔다. 참관을 마치고 한 왕이 고사를 인용하여 자신의 느낌을 말하였다. "동시효빈東施效顰이로구나."

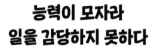

능력이 모자라
일을 감당하지 못하다

綆短汲深(경단급심)

주머니가 작으면 큰 물건을 담을 수 없고 두레박의 줄이 짧으면 깊은 우물의 물을 뜰 수 없다.

공자의 제자 안회는 제나라의 왕과 정치를 논하려고 노나라를 떠나 제나라로 향하였다. 안회가 제나라로 출발한 후 공자는 좀처럼 마음을 놓지 못하였다. 자공은 스승님에게 근심이 있다는 것을 눈치채고 공손하게 물었다. "안색이 안 좋으십니다. 무슨 근심이라도 있으십니까?" 공자는 말했다. "그래. 잘 물어주었구나. 관중管仲이 말씀하시기를 '주머니가 작으면 큰 물건을 담을 수 없고 두레박의 줄이 짧으면 깊은 우물의 물을 뜰 수 없다'고 하였느니라. 나는 안회가 제나라 왕에게 성현의 도를 이야기하여 상대가 이를 받아들이지 못하고 도리

어 화를 입는 것은 아닐까 싶어 걱정이구나."

공자는 이렇게 말하고 나서 자공에게 이야기 하나를 들려주었다. "옛날 노나라 왕이 바닷새 한 마리를 얻게 되었단다. 그는 그 새를 궁궐로 데려와 키웠지. 그는 아름다운 음악을 연주하여 새에게 들려주기도 하고 새를 위해 성대하게 한 상을 차려주기도 했지. 그러나 이 새는 안절부절못하며 고기 한 점, 물 한 모금 입에 대지 못하였고 결국 사흘을 채 넘기지 못하고 죽고 말았단다." 공자는 계속해서 말했다. "노나라 왕은 바닷새를 새로 키우지 않고 마치 사람 대하듯 대하였다. 아무리 아름다운 음악일지라도 아무리 성대한 음식이라 할지라도 새가 이를 감사히 여길 리 없는데도 말이다. 물고기는 물속에서 살아야 목숨을 부지할 수 있지만 사람은 물속에서 숨을 쉴 수가 없다. 이는 서로의 습성과 좋아하는 것이 다르기 때문이니라. 따라서 상대에 따라 사람을 대하는 것은 매우 중요하다고 할 수 있지. 한데 안회가 이번에 제나라 왕을 만나 이를 잘 해낼지 걱정이구나."

───────── **지혜가 꼬리를 무는 역사 이야기** ─────────

춘추시대 다섯 영웅 중 하나인 정鄭 장공庄公이 세상을 떠나고 그의 뒤를 이어 왕위에 오른 사람은 바로 희홀姬忽 정 소공昭公이었다. 희홀은 타고난 명장으로 전쟁터에서 그의 활약은 실로 대단하였다. 그러나 그는 타고난 정치가는 아니었다. 전체적인 군사에 비해 몇 만

배는 복잡한 정치와 마주하고 있노라면 그는 곧 능력의 한계에 부딪히고 말았다.

정 소공의 부친 정 장공은 송나라 옹씨雍氏 집안의 여자를 아내로 맞이하여 그 사이에서 세자 돌突을 낳았다. 세자 돌은 소공이 왕위를 계승하게 되자 송나라로 달아나 옹씨 가문의 영향력을 이용하여 정나라 왕위 쟁탈을 위한 준비를 하였다. 송末 장공庄公은 제중祭仲이 정 소공을 군주로 옹립하였다는 말을 듣고 제중을 속여 송나라로 불러들였다. 송 장공은 외교 사절로서 송나라를 방문한 제중을 감금시키고 그를 협박하며 말했다. "만일 네가 세자 돌을 군주로 세우지 않는다면 내 너를 반드시 사형에 처할 것이다." 제중은 세자 돌과 함께 정나라로 돌아가 그를 군주로 옹립하겠다는 내용의 비밀 협정 체결에 응할 수밖에 없었다.

정나라로 돌아온 제중은 그 길로 곧장 궁으로 들어가 희홀에게 최후 통첩을 하였다. "소공께서 왕위를 계승한 것은 결코 선왕의 뜻이 아니었습니다. 제가 선왕께 거듭 말씀드렸기에 왕위에 오르실 수 있었던 것입니다. 송나라는 제가 외교사절로 가 있는 기회를 틈타 저를 옥에 가두고 희돌을 군주로 세우라며 저를 위협하여 끝내 저에게 맹세를 받아냈습니다. 저는 나라에 아무런 보답도 하지 못한 채 그렇게 허망하게 죽게 될까 두려워 이렇게 할 수밖에 없었습니다. 지금 송나라 대군은 이미 국경에까지 당도하였고 신하들은 모두 이를 맞이하러 나갔습니다. 후에 기회가 있다면 반드시 모시러 갈 테니 잠시 자리에서 물러나시는 게 좋을 듯합니다."

　　한때 정나라 정예부대를 이끌고 정 장공을 도와 강국을 건설하였던 정 소공은 정작 왕위에 오르자 속수무책으로 위衛나라로 달아날 수밖에 없는 신세가 되었다.

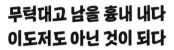

무턱대고 남을 흉내 내다
이도저도 아닌 것이 되다

邯鄲學步(한단학보)

가거라. 너는 수릉의 소년이 한단에 가서 그곳의 걸음걸이를 배웠다는 이야기를 듣지 못했는가? 그는 조나라 사람들의 걸음걸이를 제대로 배우지 못했을 뿐 아니라 본래 자신의 걸음걸이마저도 잊어버려 기어서 돌아올 수밖에 없었다.

────────────

전국시대 조趙나라 사람들은 그 걸음걸이가 멋스럽고 우아하여 매우 보기가 좋았다. 그래서 이웃나라 사람들은 모두 이를 부러워하였다. 연燕나라 수릉壽陵에 한 소년은 조나라로 가서 한단邯鄲 사람들의 걸음걸이를 배우겠노라 결심하였다. 그는 집안의 반대에도 불구하고 여비를 챙겨 가지고 나와 산 넘고 물을 건너 한단에 도착하였다.

그는 큰길로 나가서 한단 사람들이 지나가길 기다렸다가 그 뒤에서 걸음걸이를 흉내 내었다. 한단 사람들이 왼발을 내딛으면 그도 왼발을, 한단 사람들이 오른발을 내딛으면 그도 오른발을 내딛었다. 그러나 조금만 주의를 기울이지 않으면 그는 곧 오른쪽, 왼쪽을 혼동하기 일쑤였다. 상황이 이러하니 어찌 걸음 걷는 자태에 신경을 쓸 수 있었겠는가! 그는 거리를 오가는 사람들을 유심히 관찰하였다가 그들 뒤에서 최선을 다해 걷고 뛰며 그들의 움직임을 모방하였다.

이런 그의 모습에 지나가던 사람들은 발걸음을 멈추고 구경을 하였으며 어떤 이들은 입을 가린 채 웃음을 터뜨리기도 하였다. 며칠이 지나자 그는 허리고 다리고 안 아픈 곳이 없을 정도였다. 그러나 그의 걸음걸이는 여전히 나아질 기미가 보이지 않았다.

계속해서 몇 달의 시간이 흘렀고 소년의 걸음걸이는 점점 더 형편없이 변해갔다. 그는 한단 사람들의 걸음걸이를 익히지 못했을 뿐 아니라 본래 자신이 어떻게 걸었는지도 완전히 잊어버리게 되었다. 여비가 바닥날 때까지 아무것도 얻지 못한 그는 크게 낙담한 채 집으로 돌아갈 수밖에 없었다. 그러나 그는 이미 자신의 걸음걸이를 잊어버린 터라 발걸음을 뗄 수가 없었다. 그는 하는 수 없이 바닥을 기어서 집으로 돌아갔다.

───────── **지혜가 꼬리를 무는 역사 이야기** ─────────

전국시대 노나라의 한 시施씨 집안에는 아들이 둘 있었는데 큰

1장. 누가 뭐라 하든 개의치 아니하다

아들은 유학연구에, 작은 아들은 병법에 흥미를 드러냈다. 학문을 연마한 뒤 큰아들은 노나라 왕에게 유세를 하여 그 실력을 인정받아 태보太傅가 되었고 작은아들은 초楚나라로 가서 왕에게 용병의 도에 대해 기탄없이 이야기함으로써 삼군사령三軍司令으로 임명되었다.

시씨 집안의 이웃인 맹가孟家네의 두 아들은 시씨 아들들과 같은 공부를 하였다. 그래서 그들은 시씨네 아들들을 본받아 행동하기로 하였다. 그리하여 맹가네 큰아들은 한창 급부상하고 있는 서방의 맹주 진秦나라로 향하여 그 왕에게 예로써 나라를 다스렸을 때의 이점들을 설파하였다. 그러나 그가 이야기를 마치기가 무섭게 진나라 왕은 병사에게 그를 끌어내라 명하였다. 맹가네 작은아들은 위衛나라로 가서 위후衛侯에게 군대를 훈련하여 각 지역의 제후들과 맞서라고 조언을 하였다. 그러자 위후는 화를 내며 말했다. "내 나라는 비교적 약소하여 대국을 따르고 우리보다 더 작은 나라를 애호하는 것만이 유일한 살 길이다. 그리고 여태껏 이렇게 해왔기 때문에 위나라가 평안할 수 있었던 것이다. 만약 네 말대로 군대를 키워 사방에 적을 둔다면 내 어찌 계속 편안히 이 자리를 보존할 수 있겠느냐? 너를 이대로 돌려보내준다면 내가 너의 말에 마음이 동했다고 다른 나라의 오해를 살 수 있을 것이다. 뿐만 아니라 네가 행여 다른 나라에 가서 똑같은 제안을 한다면 큰일이 아니겠느냐." 말을 마친 뒤 위후는 신하에게 명하여 그의 한쪽 발을 잘라 낸 뒤 집으로 돌려보내도록 하였다.

맹가네 두 아들은 상대의 다른 점을 고려하지 않고 무턱대고 남을 흉내 내었으니 이렇게 참담한 대가를 치르게 된 것도 어쩌면 당연한 결과가 아니었을까.

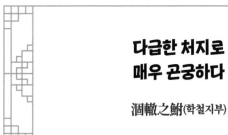

다급한 처지로
매우 곤궁하다

涸轍之鮒 (학철지부)

나는 내가 지내던 물을 잃어 몸 둘 곳이 없어졌습니다. 약간의 물만 얻을 수 있다면 목숨을 부지할 수 있을 터인데 당신은 그런 식으로 말을 하다니. 차라리 건어물 시장에서 나를 찾으시지요!

장자의 집은 매우 가난하였다. 한번은 장자가 황하黃河강을 관리하는 지방관 감하후監河侯에게 곡식을 꾸러 갔다. 감하후는 크게 선심을 쓰듯 말했다. "좋소. 내 세금을 거둬들이면 그때 삼백 냥을 빌려주리다. 괜찮겠소?" 장자는 당장에 곡식을 빌려주려 하지 않는 그에게 이야기 하나를 들려주었다.

"내 곡식을 꾸러오는 길에 갑자기 길가에서 도움을 청하는 소리가 작게 들려왔습니다. 뒤를 돌아보니 수레바퀴가 지나가며 생겨난

자국 사이에 물고기 한 마리가 있더군요. 그 물고기는 곧 말라 죽을 듯이 보였습니다. 물고기가 말하더군요. '나는 동해에서 왔소. 그런데 이렇게 곤경에 처하고 말았다오. 그대가 물을 조금 가져다가 나를 살려줄 수 없겠소?' 그래서 저는 이렇게 답을 했지요. '그러마. 내 지금 남부 지역으로 오나라와 월나라의 왕을 만나러 가는 길이다. 남부 지역에는 물이 풍부하니 내 그들에게 운하를 파도록 하여 서강西江의 물을 끌어다 너를 구해주겠다. 괜찮겠느냐?' 그러자 그 물고기가 불같이 화를 내며 '그저 약간의 물만 있으면 생명을 부지할 수 있다는데도 당신은 어찌 이런 식으로 답을 하십니까? 그럴 바에야 차라리 건어물 시장에서 나를 찾으시지요!'라고 말하더이다." 이야기를 마치고 장자는 성난 눈초리로 감하후를 한 번 쳐다보더니 소매를 털고 돌아갔다.

지혜가 꼬리를 무는 역사 이야기

당나라 원진元稹의 저서 『앵앵전鶯鶯傳』에는 낙양洛陽의 선비 장공張珙과 최앵앵崔鶯鶯이 백년가약을 맺게 되는 이야기가 담겨있다.

장공은 과거 시험을 치르러 장안長安으로 향하는 길에 포주蒲州의 보구사普救寺라는 오래된 사찰에서 묵어가게 되었다. 장공은 이곳에서 상相나라 여인 최앵앵을 만나 그녀의 아름다움에 한눈에 반하게 되었다. 그리하여 그는 곧 그녀 집의 사랑채를 빌려 잠시 동안 머물렀으며 그 기회를 이용해 최앵앵의 시녀 홍랑紅娘과 말을 텄다. 장공이 홍랑에게 말했다. "이 댁의 아가씨를 본 순간부터 입맛도 없고 그저 머릿속에 온종일 그녀 생각만 가득하다네. 하여 자네가 중간에서 다리를 좀 놓아주었으면 하네." 그러자 홍랑이 물었다. "중매쟁이를 통해 혼담을 건네고 정식으로 아가씨를 아내로 맞으시면 될 터인데 왜 그렇게 하지 않으십니까?" "내 지금 너무나도 절박한 심정이라네. 납채納采, 문명問名 등의 자잘한 절차를 다 거치려면 적어도 육 개월 이상은 족히 걸릴 터인데 어느 세월에 이를 기다린단 말이냐. 그때까지 기다리다가는 말라죽고 말거야."

　　여기서 장공은 자신을 수레바퀴 자국에 놓인 물고기로 비유하여 자신의 타들어갈 듯한 초조한 마음을 설명하였고 끝내 홍랑의 마음을 움직였다. 그리하여 홍랑은 장공과 최앵앵 사이에서 서찰을 전달하며 그들이 사랑채에서 밀회를 나눌 수 있도록 도와주었고이로써 장공과 최앵앵의 혼사를 성사시킬 수 있었다.

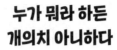

누가 뭐라 하든
개의치 아니하다

呼牛呼馬(호우호마)

지혜가 뛰어난 성인들은 세상 사람들의 비방과 칭찬의 목소리로부터 초탈하여 그 영향을 받지 않는다고 생각한다. 요전에 당신이 나를 '소'라 불렀다면 나는 내가 '소'라 생각했을 것이고 나를 '말'이라 불렀다면 나는 나를 '말'이라 생각했을 것이다. 실제로 그런 면을 갖고 있으면서도 다른 사람이 붙여주는 이름을 받아들이지 않는다면 이는 두 번 죄를 짓는 일이다. 나의 행동은 변함없이 한결같으며 결코 다른 사람에게 보여주기 위한 것이 아니다.

　사성기士成綺가 노자老子를 만나러 갔다. 그는 노자를 만나자마자 이렇게 말하였다. "저는 선생님께서 성인이라는 말을 들었습니다. 그래서 이렇게 먼 길을 마다 않고 찾아왔지요. 오랜 여정으로 발에는 온

통 굳은살이 박혔지만 선생님을 만날 수 있다는 생각에 발걸음을 멈출 수가 없었습니다. 그런데 선생님을 만나 뵙고 보니 성인이 아닌 것 같습니다. 쥐구멍에도 곡식이 남아돌 정도로 물건을 아낄 줄 모르는 것은 성인의 어진 행동이라 할 수 없지 않습니까? 게다가 각종 물건이 잔뜩 쌓여있는데도 계속해서 부를 긁어모으고 계시니 말입니다." 노자는 냉담한 표정으로 아무런 대꾸도 하지 않았다.

사성기는 다음날 다시 노자를 찾아와 말했다. "어제는 제가 선생님을 비판하였습니다. 그런데 오늘 문득 제가 틀렸다는 것을 깨달았습니다. 이게 어찌 된 일입니까?"

노자가 말했다. "지혜가 뛰어난 성인들은 세상 사람들의 비방과 칭찬의 목소리로부터 초탈하여 그 영향을 받지 않는다고 생각합니다. 요전에 당신이 나를 소라 불렀다면 나는 내가 소라 생각했을 것이고 나를 말이라 불렀다면 나는 나를 말이라 생각했을 것입니다. 실제로 그런 면을 갖고 있으면서도 다른 사람이 붙여주는 이름을 받아들이지 않는다면 이는 두 번 죄를 짓는 일이지요. 나의 행동은 진실된 마음의 표현이며 결코 다른 사람에게 보여주기 위한 것이 아닙니다. 때문에 바깥세상의 비방과 칭찬에 흔들리지 않고 늘 변함없이 한결같을 수 있는 것이지요."

당唐 태종太宗 시기 노승경盧承慶은 '고공원처랑考功員處郎'이라는 관직을 지냈다. 고공원처랑은 이부吏部에 속하여 관리들의 근무 태도와 공적 평가를 전담하였다. 노승경은 자신의 임무를 공정하게 수행하였다.

한번은 운량관運糧官을 심사하게 되었다. 그는 식량을 운반하던 중 폭풍을 만났고 그 결과 식량을 실은 배가 침몰하여 그 책임을 지게 되었다. 노승경은 이 일에 관해 '운반 관리 소홀로 인한 식량 손실의 책임이 있음'이라는 평가를 내리고 운량관 본인에게 결과를 통보하였다. 결과를 통보받은 운량관은 어떠한 반박도 하지 않았으며 전혀 놀라거나 의아해 하는 기색 없이 가벼운 발걸음으로 관청을 나갔다. 노승경은 계속해서 생각해보니 식량을 실은 배가 침몰한 것은 그의 개인적인 잘못이 아니며 그의 개인적인 힘으로는 어쩔 수 없는 일이었으므로 자신의 평가가 적합하지 않았다는 생각이 들었다. 그리하여 그는 운량관에 대한 평가서를 다시 작성하여 당사자에게 알렸다. 이번에도 역시 그 운량관은 아무런 이의를 제기하지 않았다. 그는 인사치레로 감사하다는 말도 하지 않았으며 감격한 표정도 짓지 않았다. 이 모습을 본 노승경은 이 운량관이 아량이 있다고 판단하여 그 즉시 그에 대한 평가서를 '이해와 득실을 초월하여 마음에 두지 않음'이라고 고쳐 썼다.

이 운량관은 상사가 그에게 뭐라 하든 개의치 않고 평정심을 유지할 수 있었다. 이는 그가 공명功名이나 이익, 관록을 잃는다 하여 근심하지 않고 반대로 이들을 얻는다 하여 기뻐하지 않는 경지에 달하였기 때문이라고 할 수 있다.

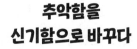

추악함을
신기함으로 바꾸다

化腐朽爲神奇(화부후위신기)

사람이 태어남은 기가 모였기 때문이며 기가 모이면 삶이 되고 기가 흩어지면 죽음이 된다. 만약 삶과 죽이 같다면 내 무슨 걱정이겠는가! 그러므로 만물은 하나이다. 사람은 자신이 좋다고 생각하는 것을 신기하다 부르고 자신이 싫어하는 것은 추악하다 부른다. 추악함은 신기함이 될 수 있고 반대로 신기함 역시 추악함이 될 수 있다. 따라서 '천하는 하나의 기로 통한다'고 하며 바로 이 때문에 성인들이 동일함을 중요시 여기는 것이다.

─────────────

지知는 현수玄水 근처를 돌아다니다 은분隱弅이라는 산에 올랐다. 지는 그곳에서 우연히 무위위無爲謂를 만났다. 지가 무위위에게 말했다. "물어보고 싶은 것이 하나 있습니다. 어떻게 사색하고 어떤 생각을 해야 도를 알 수 있습니까? 어떻게 처신하고 어떻게 행동해야 도를 지킬 수 있습니까? 어떠한 길을 걷고 어떤 방법을 써야 도를 얻을 수 있습니까?" 그는 연달아 세 번을 물었지만 무위위는 아무런 대답도 하지 않았다. 물음의 답을 얻지 못하자 지는 백수白水의 남쪽으로 돌아가 호결산狐閩山에 올랐다.

그곳에서 그는 광굴狂屈을 만났다. 지는 같은 문제를 광굴에게 물었고 광굴은 말했다. "아! 나는 그 답을 알고 있습니다. 그런데 막상 당신에게 알려주려 하니 내가 뭘 말하려 했는지 생각이 나질 않는군요." 지는 여전히 궁금증을 풀지 못한 채 궁으로 돌아왔다.

궁으로 돌아와 지는 황제黃帝에게 같은 질문을 던졌고 황제는 말했다. "아무런 생각이 없어야 비로소 도를 알게 되고 어떠한 처신도 행동도 없을 때 비로소 도를 지킬 수 있으며 아무런 길도 가지 않고 어떠한 방법도 쓰지 않아야 도를 얻을 수 있느니라." 지는 황제에게 물었다. "저와 폐하는 이를 알고 있고 무위위와 광굴은 이를 알지 못합니다. 누가 옳다고 할 수 있습니까?" 황제는 말했다. "무위위야말로 올바른 도를 알고 있는 것이오. 광굴은 도에 가까이 있는 사람이며 너와 나는 필경 도와는 거리가 있느니라. 도를 알고 있는 사람은 말을 하지 않고 말을 하는 사람은 도를 알지 못하니 성인들께서는 말로 표현하지 않는 가르침을 행하였던 것이다. 사람은 자신이 좋다고 생각하는 것을 신기하다 부르고 자신이 싫어하는 것은 추악하다 부른다. 신기함과 추악함은 객관적인 기준으로 정해진 것이 아니라는 얘기지. 즉 추악함은 신기함이 될 수 있고 반대로 신기함 역시 추악함이 될 수 있는 것이니라. 따라서 '천하는 하나의 기로 통한다'고 하며 이 때문에 성인들이 동일함을 중요시 여기는 것이지."

지혜가 꼬리를 무는 역사 이야기

증국번曾國藩은 중국 역사상 그 영향력이 가장 큰 인물 중 하나로 청나라 말 중흥中興의 제1 명신으로 유명하다. 그는 스물두 살에 진사進士에 급제하여 군기대신 목창아穆彰阿의 문하생이 되었다. 증국번은 수도에서의 십여 년 동안 한림원翰林院의 서길사庶吉士·예부시랑禮部侍郎·병부兵部·공부工部·형부刑部·이부吏部의 시랑을 지냈다.

그는 이렇게 한 단계 한 단계씩 승진을 거듭하며 이품의 관직에까지 올랐다. 증국번의 벼슬길이 순조롭게 열릴 수 있었던 것은 배움을 즐기는 그의 특성 때문이었다. 그는 배움에 있어 쉼이 없었다. 특히 전시殿試에 합격하여 서상관庶常館에 들어가고 난 후부터는 책을 손에서 놓지 않았다. 그는 부지런히 가르침을 구하고 끊임없이 질문하였으며 역사에 대한 지식을 널리 익히고 이학理學을 중시하며 많은 고문을 읽기도 하였다. 당시 관리 중에서 증국번과 같이 근면하고 공부를 즐기는 사람은 드물었다. 때문에 증국번은 정치를 하는 데 자신만의 독특한 관점을 지니고 있었을 뿐 아니라 뛰어난 학식과 경륜 그리고 재능을 가지고 있었다.

증국번은 한 연회에서 마장馬掌이라는 게이샤로부터 부탁을 받아 그녀의 이름으로 대련을 쓰게 되었다고 한다. 그러나 그녀의 이름을 이용해 대련을 쓰기란 쉽지 않았다. 하지만 증국번은 잠시 생각에 잠기더니 곧 붓을 들고 단번에 예사롭지 않은 대련을 써냈다. 고대 중국의 미인 왕소군王昭君과 조비연趙飛燕을 빌어 써내려간 그의 대련은 가히 추악함을 신기함으로 바꾸었다고 할 만하였다.

처음
시작하는
장자

2

앞날은
기다릴 수 없고
지난날은
돌이킬 수 없다

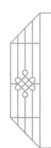

말을
거침없이 잘하다

喙長三尺(훼장삼척)

나도 말로 표현하지 않는 말을 들은 적이 있다. 여태껏 이것에 대해 말해 본 일이 없으나 여기에서 그것에 대해 말하겠다. 시남의료는 탄환을 놀려 두 나라의 전쟁을 해결했다 한다. 손숙오는 부채질을 하며 누워만 있어도 초 나라의 군대를 꼼짝하지 못하게 하였다. 내게 석자 길이의 입이 있다면 모 든 것을 설명할 수 있을 것이다.

―――――――――

초楚 혜왕惠王 3년(기원전 486년) 공자가 초楚나라에 갔을 때 초나 라 왕은 그를 초대하여 연회를 베풀었다. 손숙오孫叔敖는 술병을 두 손 으로 받쳐 들고 공자의 술잔에 술을 가득 따른 뒤 그의 옆자리에 섰 다. 시남市南에 사는 웅의료熊宜僚는 잔을 들어 공자에게 술을 청하고 술을 땅에 뿌려 제사를 올리며 공자에게 말했다. "옛날 사람들이 그러하였듯 즉석에서 한 말씀 해주시지오."공자는 이에 화답하며 말했다. "저는 옛날 사람들이 말을 하지 않고 말을 함을 깊이 존경하고 있습니다. 여태껏 이에 대해 말을 해 본 바는 없습니다만 이번 기회를 빌려 딱 두 마디만 하고 싶군요. 의료는 탄환을 잘 다루었습니다. 그는 백공승白公勝의 유혹에도 아랑곳 하지 않고 싸움에 가담할 것을 거절하여 두 파벌 간의 충돌을 피했다 합니다. 또한 손숙오는 아무것도 하지 않고 그저 부채질을 하며 누워만 있어도 천하가 잘 다스려졌고 적들도 감히 침범하려 들지 못했다 합니다. 이러니 제가 더 할 말이 있겠습니까!"

여기서 공자가 말한 시남의료는 바로 초나라의 용사 웅의료를 뜻한다. 웅의료는 초나라 수도의 남쪽에 살았기 때문에 시남자市南子라고도 불렸다. 당시 백공승은 영윤자서令尹子西와 반목하여 자서와 그의 아들 사마자기司馬子期를 죽이려 하였다. 그러나 자서와 자기는 각자 오백 명의 사병을 보유하고 있었기 때문에 백공승은 이를 어떻게 대적해야 할지 고민이었다. 이때 백공승을 섬기던 신하 석걸石乞이 웅의료를 소개해 주며 말하길 그를 데려오면 혼자서 오백 명을 당해낼 수 있을 것이라 하였다. 백공승은 크게 기뻐하며 그 길로 선물을 가지고 웅의료를 찾아가 그에게 영윤자서를 죽여 달라 부탁하였다. 그러나 웅의료는 고개를 가로저으며 말했다. "영윤은 초나라에 공을 세운 자입니다. 게다가 저는 그와 아무런 원한이 없습니다. 하여 백공승님의 뜻에 따를 이유가 없군요." 대신에 웅의료는 이 일을 발설하지 않겠노라고 약속하였다. 그러자 초나라의 유명한 장사였던 석걸은 칼을 뽑아들고 웅의료에게 말했다. "만약 이에 복종하지 않는다면 내가 너를 먼저 저승길로 보내주겠다."

웅의료는 이에 조금도 동요하지 않고 탄환을 만지작거리며 말했다. "나를 죽이는 것은 개미 한 마리 없애는 것과 같이 간단한 일일진데 이리 화를 내실 필요가 있겠습니까?" 백공승은 이에 탄복하며 석걸에게 말했다. "이자는 절대 남의 비밀을 세상에 알려 자신의 부귀영화를 노릴 사람이 아니다. 그냥 놓아 주거라." 그리하여 백공승의 반란은 실패로 돌아갔다.

─────────── 지혜가 꼬리를 무는 역사 이야기 ───────────

당나라 초기 육여경陸余慶이라는 사람이 있었다. 그는 강소江蘇 오吳현 사람으로 일찍이 섬주자사陝州刺史·낙주장사洛州長史·대리사소부감大理寺少府監 등을 지냈으며 진자앙陳子昻·두심언杜審言·송지문宋之間 등 당시의 유명한 문인들과 절친한 친구 사이였다. 육여경은 말솜씨가 매우 뛰어났다. 그는 한 번 말을 시작하면 끊일 줄 몰랐다. 그의 말은 한 마디로 청산유수와도 같았다. 그러나 그의 글 솜씨는 형편이 없었다. 그는 자신이 한 이야기나 주장들을 글로 옮기는데 조차도 재주가 없었다.

한번은 육여경이 황제의 명을 받들어 어전에 나가 조서를 쓰게 되었다. 그러나 한참을 생각했지만 한 문장도 써내려 갈 수가 없었다. 그는 조바심에 식은땀만 흘려댔다. 그러다 결국 그는 상서우승尚書右丞에서 낙주장사로 강등되었다.

육여경이 장사를 맡은 후 그의 아들이 시를 한 수 지어 육여경을 풍자하길 '육여경, 글재주는 없고 말재주만 있구나. 한 번 조서를 쓰면 열흘이 가도록 마무리 하지 못하는구나'라고 하였다. 육여경의 아들은 이 시를 책상 옆의 포단(온돌 위 앉은뱅이책상 양 옆에 까는 방석) 아래 두었고, 우연히 이를 발견한 육여경은 "분명 이놈의 자식이 쓴 것일 게야."라며 벌컥 성을 내었다. 그리곤 아들을 쫓아가며 회초리질을 하였다.

이 때문에 당시 사람들은 육여경을 비웃어 '일을 논할 때는 부리 길이가 석 자지만 글자를 가릴 때는 손 무게가 다섯 근'이라고 하였다.

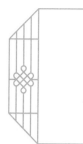

매미는
봄가을을 모른다

蟪蛄不知春秋(혜고부지춘추)

하루살이는 주야를 알지 못하고 봄에 나면 여름에 죽고 여름에 나면 가을에 죽는 쓰르라미는 일 년이라는 시간을 알지 못하니 이것이 바로 짧은 수명이다.

───────────────

상商나라 탕왕과 하극夏棘이 천지사방에 그 끝이 있는가하는 문제로 토론을 벌이다 하극이 탕왕에게 다음과 같은 이야기를 해 주었다. "어떠한 생명체도 자라지 않는 머나먼 북방 지역에서 조금 더 북쪽으로 가면 천지天池라는 이름의 광활한 바다가 있습니다. 그 바다 속에는 곤鯤이라는 물고기가 살고 있는데 그 크기가 몇 천리는 족히 넘고 그 길이는 잴 수도 없을 만큼 깁니다. 그곳에는 붕鵬이라는 새도 살고 있는데 그 등이 마치 태산과도 같이 크고 넓으며 날개는 하늘을 뒤

덮는 먹구름과 같습니다. 이 새는 힘껏 날갯짓을 하여 창공을 빙빙 돌며 구만 리까지 날아오릅니다. 이 새가 구름을 타고 푸른 하늘을 등에 진 채 남쪽으로 날아가 남해로 가려 하였습니다. 그러자 이를 본 매미와 비둘기는 '저 새는 어딜 가려는 거야? 나는 훌쩍 날아오를 수 있지만 얼마 높이 못가서 내려올 수밖에 없어. 이렇게 풀밭 사이를 날아다니는 것도 나름의 즐거움이거늘 저 새는 대체 어딜 가려는 거지?'라며 붕을 비웃었지요." 이야기를 마치고 하극은 말했다. "하루살이는 주야를 알지 못하고, 봄에 나면 여름에 죽고 여름에 나면 가을에 죽는 쓰르라미는 일 년이라는 시간을 알지 못하니 이것이 바로 짧은 수명입니다. 재능과 지혜가 미치지 못하는 자는 재능과 지혜가 넘치는 자를 이해할 수 없고 수명이 짧은 것은 수명이 긴 것을 이해할 수 없는 법이지요. 그리고 이것이 바로 크고 작은 것의 차이지요."

지혜가 꼬리를 무는 역사 이야기

한漢 명제明帝 영평永平 5년(62년), 절강浙江 승현의 유신劉晨과 완조阮肇는 함께 천태산天台山으로 약초를 캐러 갔다가 도중에 길을 잃고 산 속을 헤매게 되었다. 시간이 흐르고 그들은 식량이 다 떨어져 굶어 죽을 판이었다. 그때 그들은 저 멀리 산 위에 복숭아가 주렁주렁 매달린 복숭아나무가 있다는 것을 발견하게 되었다. 그러나 절벽과 깊은 골짜기에 가로막혀 그곳까지 오를 수 있는 길이 없었다. 그들은 등나무 넝쿨을 기어올라 겨우 그 산에 오를 수 있었다.

산에 올라 복숭아 몇 개를 따먹자 금방 배가 불러왔다. 그들은 산을 내려오는 길에 개울가에서 물로 입을 가셨다. 그때 아주 싱싱한 무청이 개울물을 따라 흘러내려 왔고 그 뒤를 이어 밥그릇이 떠내려 왔다. 밥그릇에는 밥알이 붙어있었다. 분명 근처에 인가가 있을 거라 생각한 그들은 개울을 따라 거슬러 올라가기 시작하였다.

이삼 리 정도 올라왔을 때쯤 그들은 강가에서 아리따운 여인 두 명을 만났다. 두 여인은 예전부터 그들을 알고 있었다는 듯 그들의 이름을 불렀고 그들을 집으로 초대해 술상을 차려 대접하였으며 그들과 결혼까지 하였다. 눈 깜짝할 사이에 반년이라는 세월이 흐르고 유신과 완조는 가족들이 사무치게 그리웠다. 그리하여 그들은 여인들에게 집으로 돌아가야겠으니 이해해 달라 부탁하였다. 여인들은 그들의 청을 들어주었고 삼사십 명의 여자들을 불러 송별회를 열어주었다.

유신과 완조는 고향에 도착하였다. 그러나 마을은 폐허로 변해 있었고 그들을 아는 이는 아무도 없었다. 수소문 끝에 그들은 자신들의 자손이 이미 7대에까지 달하였다는 사실을 알게 되었다(30년을 한 대代로 여김). 유신과 완조는 그제야 자신들이 선녀를 만나 시간가는 줄 몰랐다는 것을 깨달았다. 그들은 동진東晉 효제孝帝 태원太元 8년 (383년)에 다시 그 두 선녀를 찾아 산으로 들어갔고 그 뒤로 그들의 행방은 알 수 없었다.

대가에게
웃음거리가 되다

見笑於大方之家(견소어대방지가)

나는 어떠한 사람들이 공자의 견문을 낮게 평가하고 백이의 절의를 경시하였다는 말을 들은 적이 있다. 처음에는 그 말들을 믿지 않았다. 허나 지금 이곳에 와서 당신의 드넓고 끝이 없음을 보니 이곳에 오지 않았더라면 큰일 날 뻔했다는 생각이 든다. 내가 이곳에 오지 않았더라면 아마도 도를 터득한 사람들에게 오랫동안 웃음거리가 되었을 것이다.

―――――――――

절기상 입추立秋에서 상강霜降 사이가 되면 비가 끊임없이 내린다. 홍수로 갑자기 불어난 냇물은 모두 황허黃河로 흘러가고 황허 강은 그 물줄기가 점차 거세진다. 이에 따라 황허 강의 면적은 점차 넓어져 강의 한쪽 편에서 그 반대편을 바라보면 건너편에 있는 가축이 개미처럼 보이는 것이 소인지 말인지 구분할 수 없을 정도이다. 그래서 황하의 신은 자신이 천하에서 가장 웅장한 아름다움을 지녔다고 생각하며 매우 만족해하였다. 그는 강의 흐름을 따라 동쪽으로 가 발해渤海로 향하였다.

강의 물줄기가 발해와 만나는 곳에 이르러 그는 동쪽을 바라보았다. 큰 파도가 사방에서 일렁이고 있을 뿐 그 끝은 보이지 않았다. 황허의 신은 다시금 고개를 돌려 자신이 온 길을 되돌아보았고 순간 자신이 온 길은 그저 얇디 얇은 물줄기에 지나지 않는다는 것을 깨달았다. 황허의 신은 자만에 빠져 있던 자신의 마음가짐을 바로잡고 끝없이 펼쳐진 바다를 바라보며 바다의 신에게 말했다. "옛말에 '많은 것을 보고 배우고 나면 자기만한 사람은 없다고 생각하게 된다'고 하였는데 제가 바로 이러한 사람이었군요. 저는 어떠한 사람들이 공자의 견문을 낮게 평가하고 백이伯夷의 절의를 경시하였다는 말을 들은 적이 있습니다. 처음에는 그 말들을 믿지 않았습니다. 허나 지금 이곳에 와서 당신의 드넓고 끝이 없음을 보니 제가 이곳에 오지 않았더라면 큰일 날 뻔 했다는 생각이 드는군요. 제가 이곳에 오지 않았더라면 아마도 도를 터득한 사람들에게 오랫동안 웃음거리가 되었을 것입니다."

--------------- 지혜가 꼬리를 무는 역사 이야기 ---------------

송宋나라 천성天聖년(1023~1031) 구양수歐陽修는 저주滁州에서 지부知府를 지냈다. 그는 사람들과 함께 자주 낭야산琅琊山에 오르곤 하

였다. 이 지방에는 시 짓는 재능이 뛰어나 '시의 수재'라 자처하는 부잣집 자제가 한 명 살고 있었다. 그는 구양수가 시를 짓는데 일가견이 있다는 이야기를 듣고 구양수와 실력을 견주어보고 싶어 하였다.

어느 날 구양수가 산으로 나들이를 나온다는 소식을 접하고 그는 곧장 산으로 향하였다. 산중턱에 올랐을 때 그는 희한하게 자란 비파나무 한 그루를 보게 되었다. 그는 이 나무를 보자 절로 시를 짓고 싶어졌고 결국 그 자리에서 시 한수를 읊었다.

路旁一古樹　길가에 고목나무
兩朵大丫椏　꽃 봉우리 맺혔네.

그러나 막 두 구를 읊고 나자 다음 두 구를 이어갈 수가 없었다. 이때 어떤 이가 그 곁을 지나가며 그의 시를 이어 두 구를 읊었다.

未結黃金果　황금 열매를 맺기도 전에
先開白玉花　백옥꽃이 먼저 피었구나.

수재는 이를 듣고 말했다. "당신이 지은 두 구도 나쁘지 않군요. 그럭저럭 가져다 붙일 만합니다." 그 행인은 수재의 말을 듣고 그저 웃음을 지을 뿐이었다. 두 사람은 함께 강가로 갔다가 흰 고니 무리가 물 위에서 노니는 모습을 보게 되었다. 수재는 이 모습을 보고 다시 시를 지어 읊었다. 하지만 이번에도 역시 두 구를 넘기지 못하였다. 수재는 열심히 머리를 굴려 보았지만 한 자도 생각해 내지 못했다. 그러자 그 행인이 다시 수재의 시를 이어 나머지 두 구를 완성하였다. 수재는 이를 가만히 듣고 있다가 그에게 말했다. "노형, 정말 나오는 대로 잘도 엮어내시는구려. 나는 구양수를 찾아 시 짓는 실력을 겨뤄볼 참이라오. 그러니 나를 응원해주셔야 하오."

그들은 나루터에 도착하여 배에 올라탔다. 수재는 수면에 비친 그림자를 보며 말했다. "노형, 이번에 우리가 구양수를 누르면 우리 두 사람이 시단詩壇의 쌍성雙星이 되는 거요."

그러더니 또 시를 읊었다.

詩人同登舟   시인이 함께 배를 타고
去訪歐陽修   양수를 만나러 가네.

이때 행인은 하하하 크게 웃으며 "수는 이미 너를 아는데 너는 수를 모르는구나."라며 수재의 시를 받아쳤다.

수재는 이때서야 겨우 평범한 이 행인이 바로 1대 문단의 최고 시인 구양수라는 사실을 눈치 챘다. 수재는 자신이 이미 대가에게 웃음거리가 되었다는 생각에 부끄러워 얼굴이 빨개졌다.

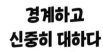

경계하고
신중히 대하다

戒之愼之(계지신지)

그를 경계하고 신중히 대해야 할 것이다. 그러나 그 전에 먼저 당신 자신의 태도를 단정히 해야 한다. 겉으로는 그의 행동을 따르고 속으로는 온순함을 가져야한다. 이렇게 해도 화를 면하지는 못할 것이다. 가까이 하되 너무 지나치지 말아야하며 순종하되 이를 너무 드러내서도 안 된다.

———————

노나라의 현인 안합顔闔은 위나라의 초청에 응하여 위나라 태자 괴외의 스승이 되기로 하였다. 안합은 위나라에 도착하고 나서야 태자의 성격이 거칠고 변덕스러워 상대하기가 어렵다는 이야기를 전해 듣게 되었다. 난처해진 안합은 위나라에서 현명하기로 유명한 대부大夫 거백옥蘧伯玉을 찾아가 가르침을 구하였다.

"천성이 포악하여 상대하기 어려운 사람이 있다고 가정해 보십시오. 만약 원칙을 버리고 그와 타협한다면 나라가 위태로워질 것이오. 원칙을 고수하여 그의 잘못을 지적한다면 내 자신이 위험에 빠지게 될 것입니다. 남의 잘못을 알기에는 충분한 재능과 지혜를 지니고 있지만 자신의 잘못을 알지 못하는 사람은 어떻게 대해야 할까요?"

거백옥은 말했다. "참 좋은 질문이구려. 그를 경계하고 신중하게 대해야 할 것이오. 그러나 그 전에 가장 먼저 당신 자신의 태도를 단정히 해야 할 것입니다. 겉으로는 그 사람의 행동을 따르면서도 속으로는 온순함을 가져야 합니다. 그러나 이렇게 한다고 해도 화를 면하지는 못할 것입니다. 그러니 그를 가까이 하되 지나침이 없어야하고 그에게 순종하되 이를 겉으로 드러내서는 안 될 것입니다. 만약 그와 지나치게 가까이 한다면 자신의 목이 달아날 뿐 아니라 나라를 무너뜨리게 될 것이고 만약 순종이 겉으로 드러난다면 당신은 나쁜 평판을 얻게 될 뿐 아니라 세상에 악영향을 미치게 될 것입니다. 사마귀는 땅을 기어가다 한 길가에 들어서더라도 이를 두려워하지 않습니다. 오히려 자신의 힘이 세다고 착각하며 수레바퀴를 향해 양 발을 들어 올리지요. 이 사마귀는 용감함이라는 훌륭한 인품을 지니고 있지만 결국 위험을 피하지 못해 죽고 맙니다. 당신은 훌륭한 인품을 지닌 현인이나 사마귀와 같이 자만에 빠져 자신의 용감함을 내세우다 그 포악한 작은 맹주를 거스르는 일이 없도록 해야 할 것입니다. 행여 그를 불쾌하게 한다면 좋은 말로는 기대하기 힘들어질 테니까요."

당唐나라 시대 곽자의郭子議가 노년에 퇴직을 하고 집에서 지낼 때의 일이다.

한번은 그가 병이 나자 곽자의의 저택에는 병문안의 행렬이 줄을 잇게 되었다. 그리하여 곽자의의 첩과 시녀들은 모두 나와 병문안으로 집을 찾은 손님들을 접대하기 바빴고 곽자의 역시 이에 대해 크게 신경 쓰지 않았다. 그러던 어느 날 대신 노기盧杞가 그를 보러왔다. 곽자의는 노기가 왔다는 말을 듣고 가희를 포함한 모든 부녀자들에게 병풍 뒤로 물러가 누구도 밖으로 나오지 말라고 명하였다.

그는 노기와 단독으로 오랜 이야기를 나누었다. 노기가 돌아가고 여인네들이 그에게 물었다. "평소에는 손님을 만나실 때 저희가 옆에 있어도 별로 신경 쓰지 않으시면서 오늘은 어찌 그리 신중을 기하십니까?" 곽자의는 말했다. "너희는 모른다. 노기 이 사람은 아주 뛰어난 재능을 지니고 있지만 마음이 넓지 못하다. 그는 얼굴도 못생겼는데 얼굴의 반이 파란색으로 덮여있는 것이 꼭 절에 있는 도깨비처럼 생겼지. 너희가 만약 노기의 이런 얼굴을 보았다면 분명 웃음을 터뜨렸을 게다. 그럼 그는 그것을 마음에 두고두고 담아 둘 테고 말이다. 그러다 언젠가 그가 뜻을 이루는 날이 오면 너희고 우리 집 후손들이고 할 것 없이 모두 목숨을 부지하기 힘들게 될 터인데 내 어찌 이를 경계하고 조심하지 않을 수 있겠느냐."

얼마 후 노기는 재상의 자리에 올라 과거에 자신을 얕잡아 보았거나 자신의 기분을 상하게 만들었던 모든 사람들에게 복수를 하였다. 어떤 이들은 심지어 모함을 받아 목숨을 잃고 재산까지 몰수당하기도 하였다. 그러나 곽자의네 집만은 이러한 화를 피해갔다. 노기는 곽자의 집안의 누군가가 약간의 범법 행위를 하였더라도 이를 눈감아 주었는데 이는 바로 노기가 곽자의에게 지우知遇의 은혜를 입었다고 여겼기 때문이었다.

군자의 사귐은
맑기가 물과 같다

君子之交淡如水(군자지교담여수)

이익으로 맺어진 사람들은 어려움에 처하면 서로를 버리지만 하늘이 맺어 준 사람들은 어려움에 처하면 서로를 포용한다. 포용하는 것과 등을 돌리는 것에는 큰 차이가 있다. 또한 군자의 사귐은 물과도 같아서 겉치레 없이 평범하게 오래 이어지지만 소인의 사귐은 그렇지 못하다. 서로에게 이득이 될 때에는 달콤한 술처럼 입에 감기지만 이득이 없으면 그 관계는 쉽게 끝이 난다. 아무 이유 없이 맺어진 것은 또 그렇게 아무 이유 없이 떨어져 나가게 되는 법이다.

─────────────────

한번은 공자가 자상호子桑戶에게 물었다. "내 두 번이나 노魯나라에서 쫓겨났고 송宋나라에서는 설교하던 나무가 베이는 모욕을 당하였으며 위衛나라에서는 입국을 거절당하였고 송나라와 주周나라에서는 궁지에 몰렸으며 진陳나라와 채蔡나라의 접경 지역에서는 포위를 당하기도 하였습니다. 내가 이렇게 여러 차례 어려움을 겪게 되자 친한 벗들과의 관계는 갈수록 소원해졌고 제자들도 하나둘 내 곁을 떠나가고 있습니다. 이는 무엇 때문 입니까?" 그러자 자상호는 공자에게 다음과 같은 이야기를 들려주었다.

"임회林回라는 사람이 피난을 떠날 때 천금의 가치가 있는 옥을 버리고 그 대신 아이를 업고 도망갔다 합니다. 그러자 어떤 사람이 그에게 물었지요. '아이는 옥만큼 돈이 되지도 않고 무게도 옥보다 훨씬 무겁소. 그런데 당신은 왜 옥은 버려두고 아이를 업고 가는 게요?' 그러자 임회는 '옥과 나는 이익으로 맺어졌지만 아이는 하늘이 맺어준 것이오.'라고 말했다 합니다."

이야기를 마치고 자상호는 공자에게 말했다. "이익으로 맺어진 사람들은 어려움에 처하게 되면 서로를 버리지만 하늘이 맺어 준 사람들은 어려움에 처하게 되면 서로를 포용하게 되지요. 서로를 포용하는 것과 서로가 등을 돌리는 것에는 큰 차이가 있습니다. 또한 군자의 사귐은 물과도 같아서 겉치레 없이 평범하게 오래 이어지지만 소인의 사귐은 그렇지 못합니다. 서로에게 이득이 될 때에는 달콤한 술처럼 입에 감기지만 이득이 없으면 그 관계는 쉽게 끝이 나지요. 아무이유 없이 맺어진 것은 또 그렇게 아무 이유 없이 떨어져 나가게 되는 법입니다."

당唐나라 정관貞觀년 때의 일이다. 부잣집 자제였던 설인귀薛仁貴는 어려서부터 칼싸움을 즐겼다. 그는 많은 친구들을 사귀었고 평소 돈을 물 쓰듯 하였다. 그의 아버지가 세상을 떠날 때까지 설인귀는 아무런 계획 없이 돈을 흥청망청 쓰며 살았다. 그리하여 얼마 지나지 않아 그는 집안의 재산을 모두 탕진하였다. 친구들은 모두 하나둘 그의 곁을 떠나갔고 큰아버지마저 그에게 등을 돌렸다. 그는 추운 동굴에서 지낼 수밖에 없었다. 설인귀는 한때 자신의 처지를 비관하여 나무에 목을 매려하기도 하였다. 그러나 그가 목을 매려던 순간 그는 나무꾼 왕무생王茂生을 만나게 되었다.

그 후, 설인귀는 왕무생 부부의 도움에 기대어 살아갔다. 그리고 얼마 후 설인귀는 처자식을 왕무생에게 맡기고 군대에 들어갔다. 설인귀는 십사 년 동안 당唐 태종太宗 이세민李世民을 따라 서부 정벌에 나섰고 전투에서 공을 세워 정동대원사征東大元師가 되었으며 평료왕平遼王으로 봉해졌다. 평료왕의 저택에는 축하 행렬이 끊이지 않았다. 모든 나라의 문무 대신들은 그의 비위를 맞추기 위해 온갖 선물을 갖다 바쳤다. 그러나 설인귀는 왕무생이 보내온 술 두 병만을 받았을 뿐 다른 선물은 모두 거절하였다. 그는 특별히 시종을 시켜 왕무생이 보내온 술을 열도록 하였다.

잠시 후 시종이 와서 보고하길 병에 담긴 것은 물이라 하였다.

그러나 설인귀는 화를 내지 않았을 뿐만 아니라 오히려 왕무생 부부를 환대하며 사람들 앞에서 항아리에 있는 물을 연거푸 세 대접이나 들이켰다. 그리고는 그가 말했다. "당시 왕형의 경제적인 도움이 없었다면 나의 오늘도 없었을 것이오. 내 지금 다른 좋은 선물들을 마다하고 왕형이 보내온 호의만을 받았으니 이것이 바로 군자의 사귐은 물과 같음이 아니겠소."

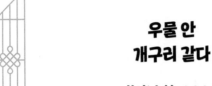

우물 안
개구리 같다

井底之蛙(정저지와)

우물 안 개구리는 이 말을 듣고 너무 놀라 망연자실한 표정이 역력하였다.

우물 안에 사는 청개구리가 동해에서 온 자라를 만나게 되었다. 청개구리는 매우 흡족해하며 자라에게 말했다. "난 이곳에서 얼마나 즐거운지 몰라! 우물 위로 뛰어 올라가 놀 수도 있고 우물 벽에 난 틈 사이로 들어가 쉴 수도 있어. 우물물에서 노닐 때면 물이 나를 떠받들어 주고 진흙탕을 한가롭게 거닐어도 빠질 염려가 없어. 주변의 물벼룩이나 가재를 봐도 나만큼 삶이 즐겁지는 않아." 우물 안 개구리는 자신이 얼마나 안락한 삶을 살고 있는지 쉴 새 없이 자랑해대며 자라에게 초대의 뜻을 내비쳤다. "너도 한번 들어와 보지 그래?"

자라는 청개구리의 권유에 못 이겨 우물을 보러 갔다. 그러나 자라의 왼발이 우물에 닿기도 전에 오른발이 우물 입구에 걸릴 줄 누가 알았겠는가. 자라는 이러지도 저러지도 못하며 잠시 동안을 망설이더니 결국은 다시 바깥으로 나왔다. 자라는 우물 안 개구리에게 바다의 모습을 알려주었다. "내가 살고 있는 바다는 천리도 부족할 만큼 광활하고 만 척으로도 잴 수 없을 만큼 그 깊이가 깊어. 우禹임금 때 십 년 동안 아홉 번이나 큰 장마가 왔지만 바다의 물은 불어나지 않았고 탕湯임금 때 팔 년 동안 일곱 번이나 가뭄이 들었지만 바다의 물은 줄어들지 않았지. 바다는 가뭄이나 장마의 영향을 받는 법이 없어. 이게 바로 내가 광활한 동해에서 살아가는 즐거움이지!"

우물 안 개구리는 자라의 바다 이야기를 듣고 너무나도 놀란 나머지 눈이 커지고 얼굴이 빨갛게 달아오른 채 한 마디도 하지 못하였다.

지혜가 꼬리를 무는 역사 이야기

청淸나라 말기에는 중국과 서양의 교류가 빈번하게 이루어졌다. 그러나 청나라 정부 관리의 어리석음과 완고함 때문에 울지도 웃지도 못할 상황들이 자주 연출되곤 하였다. 청나라 말기 진감일陳戇—은 『제향재견문록睇向齋聞見錄』에서 무능한 관리의 외교 행적을 비꼬기도 하였다.

군기대신軍機大臣 왕문소王文韶는 매우 보수적인 성격의 소유자였다. 에스파냐가 중국으로 사자를 보내 새로운 협약체결을 요구해 오자 외무부는 이를 군기처에 보고하였고, 왕문소는 이에 크게 화를 내며 말했다. "일본 놈들이 또 와서 소란을 피우는구나!" 그러자 왕문소 곁에 서 있던 군기처의 한 장경章京이 다급히 말했다. "에스파냐는 아시아에 있는 일본이 아니라 바로 유럽의 스페인을 말하는 것입니다." 이에 왕문소는 다시 정색하며 말했다. "일본 놈들이 고의적으로 나라 이름을 속였을지 어떻게 아느냐! 네 말대로 스페인을 에스파냐로도 부르는 것처럼 한 나라의 이름이 두 개일 수 있는데 일본이라고 해서 그러지 못하겠느냐?" 왕문소의 억측에 군기장경은 속으로 웃음이 났으나 이에 더 이상 말을 대꾸할 엄두가 나지 않았다. 그래서 그는 그의 주장을 받아들이고 물러설 수밖에 없었다.

청나라는 왕문소처럼 이렇게 나라 이름과 외국 지리에 대해 기초적인 지식도 없는 관리에게 외교를 맡겼다. 그러니 청나라 정부가 외교 문제를 처리할 때의 상황이 어찌하였을는지는 불 보듯 뻔한 일이다.

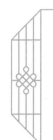

적적할 때 사람이 찾아오는 사람은 형제와 같다

空谷足音(공곡족음)

인적이 없는 빈 골짜기, 족제비만이 오가고 길에는 잡초가 무성하니 이런 광야에 홀로 지내는 사람은 사람의 발걸음 소리만 들려도 기분이 좋아지는 법인데 하물며 부모 형제의 웃음소리가 곁에서 들려온다면 그 기분이야 어떻겠는가!

서무귀徐無鬼는 여상女商의 소개로 위魏나라의 무후武侯를 알현하였다. 무후는 가난한 선비에게 관심을 보이며 서무귀에게 자리를 내주었다. 그리고는 서무귀에게 위로의 말을 건넸다. "나를 만나러 오시다니 산 속에서의 은둔 생활이 많이 고되셨나 봅니다." 서무귀는 말했다. "저는 무후를 위로하려고 왔는데 무후께서 도리어 저를 위로하시는군요. 지금처럼 계속 이렇게 지내신다면 탐욕과 같은 그릇된 생각

들이 전에 없이 커지게 되고 끊임없이 향락을 탐하게 되어 몸과 마음이 병들 것입니다. 그렇다고 욕심을 줄이고 사념을 몰아내며 향락을 버리려 하신다면 감각 기관에 병이 들 것입니다. 하여 저는 무후를 위로하고자 왔는데 환자인 무후께서 저를 위로할 게 뭐 있겠습니까."

무후는 기분이 몹시 언짢았다. 서무귀는 이 모습을 보고 화제를 돌려 그에게 상구술相狗述을 들려주었고 무후는 크게 기뻐하며 웃었다. 서무귀가 자리를 물리고 나오자 여상은 무척 의아해하며 말했다. "저는 『시詩』, 『서書』, 『예禮』, 『락樂』을 이용하여 군주께 학문을 이야기하였고 『금판金板』, 『육도六韜』 등의 병서를 통해 무예를 이야기하였습니다. 그러나 군주께선 단 한 번도 웃음을 보인 적이 없으십니다. 대체 무슨 수로 군주를 이리 기쁘게 하신 겁니까?" 서무귀는 말했다. "특별히 개와 말을 감정하는 법을 알려드렸지요." 여상은 믿을 수 없다는 듯 말했다. "아. 그렇습니까?" "월나라로 유배를 간 사람은 조국을 떠난 지 며칠 되지 않았어도 아는 사람을 만나면 기분이 좋아지고 다시 십여 일이 지나면 안면이 있는 사람만 봐도 기쁘고 일 년이 지나면 고향 사람처럼 생긴 사람만 봐도 기뻐한답니다. 고향을 떠난 지 오래 될수록 그리움이 깊어지기 때문이지요. 길거리에 인적이 드물고 사람이 살지 않는 외진 곳을 유랑하다보면 사람의 발걸음 소리만 들려도 기뻐지는 법인데 하물며 부모 형제의 웃음소리가 곁에서 들려온다면 그 기분이야 굳이 말로 설명할 필요가 있겠습니까? 군주는 오랫동안 진심 어린 말로 그와 함께 담소를 나눌 수 있는 사람이 없었던 게지요."

1123년 송宋나라는 북방의 금金나라와 평화 조약을 체결하고 패전국인 요遼나라의 영토를 분할하였다. 이렇게 송나라가 188년이라는 긴 세월 동안 잃었던 영토를 되찾게 되면서 송 휘종宋徽宗은 단숨에 중국의 구원자가 되었다.

이렇게 경사스러운 일로 온 나라가 들떠있을 때 금나라와 여러 차례 교섭을 해오던 관리 마식馬植은 평화 뒤에 숨겨진 위험을 감지해 냈다. 마식의 선조는 한민족漢民族 연운燕雲 16주의 주민으로 그의 고향 땅은 이미 이백 년 전쯤에 분할되어 일부가 요나라로 넘어간 상태였다. 그러나 마식은 자신의 고향을 다시 되찾을 수 있기만을 간절히 바랐다.

마식은 송사동관宋使童貫이 요나라를 방문하는 기회를 틈타 비밀리에 그와 만남을 가졌다. 마식은 그에게 거란 귀족의 압박을 받고 있는 여진 부락의 세력을 키워 요나라를 치고 연운 16주를 탈환하는 계획을 내놓았다.

동관의 지지를 얻은 후 마식은 부하를 거느리고 비밀리에 여진 부락과 접촉하여 여진과 거란 사이의 분란을 만들어 내기 위해 노력하였다. 그리하여 결국 완안아골타完顔阿骨打가 군사를 일으켜 요나라를 멸망시키도록 하였다.

그러나 마식은 금나라의 다음 목표가 송나라가 될 것이라는 사실을 잘 알고 있었다. 이때 금나라는 남방을 호시탐탐 노리고 있었기 때문이었다. 마식은 당국에 "지금의 평화는 길어봐야 이삼 년이다. 우리는 반드시 그 후의 일을 대비하여야 한다."고 경고하였다. 그러나 온 나라가 축제 분위기로 가득 찬 상황에서 그의 이러한 경고는 어떠한 경각심도 일깨우지 못하였다.

1125년 10월 마식의 경고는 현실이 되었다. 금나라 군대는 두 길로 나뉘어 남하해 와서는 북송에 맹공격을 가하였다. 송 휘종은 이 소식을 접한 뒤 그 즉시 태자에게 자리를 내어주고 자신은 문무 대신들을 이끌고 강남江南으로 달아났다.

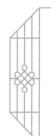

앞날은 기다릴 수 없고
지난날은 돌이킬 수 없다

來世不可待 往世不可追(내세불가대 왕세불가추)

앞날은 기다릴 수 없고 지난날은 돌이킬 수 없다. 천하에 도가 있으면 성인은 이를 이루고 천하에 도가 없으면 성인은 그저 자기 목숨을 보전할 뿐이다.

춘추시대 초나라에는 미치광이 선비가 하나 있었는데 그 성은 육陸이요, 이름은 통通, 자는 접여接輿였다. 사람들은 그를 초나라 미치광이 또는 초나라 미치광이 접여라 불렀다.

접여는 청렴함을 표방하며 정치에는 관심을 두지 않았다. 초소왕楚昭王은 접여를 관리로 등용하려 하였으나 그는 이를 거절하였다.

공자가 초나라에 갔을 때의 일이다. 공자가 궁에서 나와 처소로 돌아가는 길이었다. 공자가 자신의 관저 앞에 다다랐을 때 접여가 그

앞을 지나며 노래를 불렀다. "봉황새야, 봉황새야. 어찌하여 덕이 쇠하였느냐. 앞날은 기다릴 수 없고 지난날은 돌이킬 수 없도다. 천하에 도가 있으면 성인이 그것을 이루고 천하에 도가 없으면 성인은 자기 목숨을 살아갈 따름이니 시방은 겨우 형벌이나 면하는 게 고작인 세상. 복은 깃털보다 가벼워도 잡힐 줄을 모르고 화는 땅보다 무거워도 피할 줄을 모르네. 관둬라, 관둬라! 덕으로써 사람을 다스리려는 짓거리. 위태롭구나, 위태롭구나! 어서 어서 길을 떠나자! 가시나무야, 가시나무야. 내 가는 길을 막지마라. 내 굽은 길을 돌아서 가니 내 발을 다치게 하지 마라."

공자는 접여의 노래를 듣고 마차를 세워 그와 이야기를 나누고자 하였으나 공자가 미처 마차에서 내리기도 전에 접여는 인파 속으로 자취를 감췄다.

── **지혜가 꼬리를 무는 역사 이야기** ──

진秦 시황始皇이 세상을 떠나고 태자 호해胡亥가 그의 뒤를 이어 왕위를 계승하였다. 황제로 등극한 호해는 할 일 없이 한가로울 때면 낭중령郎中令 조고趙高를 불러들여 그와 이런저런 일들을 상의하였다.

호해가 조고에게 말했다. "사람이 이 한 세상을 살아감은 마치 여섯 필의 군마를 끌고 지나가는 것처럼 눈 깜짝할 만큼 짧은 시간에 불과하다. 앞날은 기다릴 수 없고 지난날은 돌이킬 수 없으니 기왕 이렇게 천하를 다스리게 된 이상 나는 나의 모든 욕망을 만족시키고 내가 누릴 수 있는 모든 즐거움을 누리고 싶다. 가능하겠느냐?" 조고는 말했다. "현명한 군주라면 실현 가능한 일이나 우매한 군주라면 반드시 금기해야 할 일이지요."

조고는 뒤이어 대신을 제거하고 혈육을 멀리해야 한다는 의견과 가난한 자를 부유하게 하고 미천한 자를 기용하여 그들의 지위를 높여야 한다는 의견을 내놓았다. 조고의 말이 옳다고 여긴 호해는 법률을 개정하였다. 그리하여 호해는 궁중의 여러 대신들과 왕공들을 조고에게 넘겨 취조하도록 하였다. 이로써 몽의蒙毅 등 여러 대신들이 죽임을 당하였다. 뿐만 아니라 호해의 형제들은 백주 대낮에 길거리에서 공개적으로 참수 당하였으며 열두 명의 공주들 역시 거열형에 처해지고 재산을 모두 몰수당하였다.

한동안 진나라의 사람들은 그 지위를 막론하고 모두 불안에 떨어야 했다. 관동關東 지방에서 군웅들이 들고 일어났을 때에도 호해는 아방궁阿房宮 건설을 위해 백성들을 징발하기에 여념이 없었다. 향락에 빠져 지내던 호해는 결국 자신이 가장 신뢰하던 조고에 의해 목숨을 잃게 된다.

애만 쓰고
보람이 없다

勞而無功(노이무공)

물 위를 지나려면 배보다 좋은 수단이 없고 땅 위를 지나는 데는 수레보다 좋은 수단이 없다. 배로 물 위를 지날 수 있다고 해서 땅 위에서도 배를 저어가려 한다면 평생을 가도 얼마 나아가지 못할 것이다. 옛날과 지금은 바로 물과 뭍처럼 차이가 있지 않은가? 조나라와 노나라의 통치 방법도 배와 수레처럼 다르지 않은가? 지금 노나라로 가서 조나라의 도를 설파하는 것은 뭍에서 배를 타는 것과 다를 바가 없다. 힘만 들고 아무런 성과도 얻어낼 수 없을 것이다. 게다가 화를 당하게 될 수도 있다.

―――――――――

공자는 노나라에서 뜻을 이루지 못하고 위衛나라로 유세를 하러 떠났다. 안회는 공자가 걱정되어 특별히 태사금太師金을 찾아가 자문을 구하였다. 태사금은 노나라의 악관으로 인간사의 길흉을 잘 헤아리는 것으로 유명하였다.

안회는 물었다. "저희 스승님은 뜻을 펼치려 위나라로 떠나셨습니다. 이번엔 일이 잘 풀릴까요?" "애석하게도 당신의 스승은 궁지에 몰리게 될 것입니다." 안회는 깜짝 놀라며 물었다. "저희 스승님은 박학다식하시고 경험도 풍부하십니다. 그런데 어찌하여 궁지에 몰리게 된다는 겝니까?" 태사금은 웃으며 말했다. "제가 보기엔 아직 때가 아니군요. 지금은 곳곳에서 전란이 끊이지 않고 있고 각국의 군주들은 세력 확장을 위해 전쟁을 하기에 바쁩니다. 하여 당신 스승이 이야기하는 인의와 도덕에 대해서 반감을 가지고 있지요. 그러하니 어느 누가 시기에 걸맞지 않는 설교에 귀를 기울이겠습니까? 그가 송나라에서 전통적인 예를 전수할 때 정부가 장소를 제공하지 않아 나무 아래서 가르침을 펼 수밖에 없었고 후에 정부는 이 나무마저 베어버렸지요. 그가 위나라로 유세를 하러 떠났을 때 위나라 정부는 그를 쫓아내며 그가 잠시 마차를 세워두었던 자리마저 파내버렸습니다. 또다시 은허殷墟와 주周나라 도읍지에 도착하여서는 궁지에 몰려 어쩔 수 없이 집으로 돌아올 수밖에 없었습니다. 초대에 응하여 초楚나라로 향하다가 진陳나라와 채蔡나라 사이의 접경 지역에서 포위당하여 이레 동안 음식을 먹지 못하여 굶어 죽을 뻔도 하였지요. 지금 다시 위나라로 가서 유세를 한다 해도 무슨 좋은 결과가 있을 수 있겠습니까."

태사는 잠시 말을 멈추었다가 다시 예를 들어 설명하기 시작하였다. "물 위를 지나려면 배보다 좋은 수단이 없고 땅 위를 지나는 데는 수레보다 좋은 수단이 없습니다. 배로 물 위를 지날 수 있다고 해서 땅 위에서도 배를 저어가려 한다면 평생을 가도 얼마 나아가지 못할 것입니다. 당신의 스승이 위나라로 유세를 하러 떠나려함은 뭍에서 배를 타고 물건을 운반하는 것과 같습니다. 힘만 들고 아무런 성과도 얻어낼 수 없지요. 게다가 화를 초래할 수도 있습니다."

────────── **지혜가 꼬리를 무는 역사 이야기** ──────────

隋나라 시대 수 양제煬帝는 왕의 신분으로 고려高麗와의 전쟁에 세 차례나 출정하였다. 그 중 첫 출정 시기는 612년 봄이었다. 수 양제는 사방의 병마를 모아 총 백여만 명을 탁군涿郡에 집합시켰다. 육로 쪽은 좌군과 우군으로 나누어 각각 열두 개의 군단을 배치하였다. 우문술宇文述 등의 지휘 하에 군단은 요동遼東을 지나 한반도 북부로 진입하였고 양제는 친히 요동으로 가서 군대를 감독하고 사기를 북돋아 주었다. 그러나 삼십만의 수나라 군대가 압록강을 건넌 후 고려의 군사는 수나라 군대와의 싸움에서 지는 척 물러나면서 수나라 군대를 평양으로 유인하여 포위 공격하였다. 수나라 군대는 고려 군사의 공격에 무너져 내렸다. 그리하여 이천칠백 명의 군사만이 요동으로 돌아갈 수 있었다. 수로 쪽 역시 내호아來護兒가 수군을 이끌고 산동에서 바다를 건너 고려 땅에 접근하였지만 평양의 외곽 지역에 도달하여 고려 복병의 기습을 받았다.

613년 봄 수나라는 두 번째로 고려를 공격하였고 양제는 또다시 몸소 요동의 전선으로 가서 군대를 감독하였다. 그러나 양현감楊玄感이 기회를 틈타 하남河南 지방에서 무장 정치투쟁을 일으켜 낙양을 직접적으로 공격해왔다. 그리하여 수 양제는 군대를 이끌고 급히 돌아가 방어에 나설 수밖에 없었다. 양현감의 반란을 진압하고 이듬해 봄 수 양제는 다시 탁군에 행차하여 고려와의 세 번째 전쟁을 감독하였다. 수나라와 고려는 모두 전쟁으로 인한 손해가 이만저만이 아니었다. 게다가 수나라에서는 농민 봉기가 일어나 전국 각지로 퍼져나갔다. 그리하여 수 양제는 어쩔 수 없이 전쟁에서 물러났다.

사학자들에게 '대두증大頭症'을 앓고 있다고 불렸던 수 양제는 사 년간 세 차례에 걸쳐 고려를 원정하며 수많은 인적·물적 자원을 쏟아 부었다. 그에 따라 그는 막중한 대가를 치러야 했지만 결국은 아무런 성과도 거둬들이지 못한 채 패망의 길로 빠르게 접어들게 되었다.

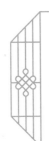

자신을 낮춰
선비를 예우하다

禮賢下士(예현하사)

남에게 미덕을 나눠주는 자를 성인이라 하고 재물을 나눠주는 자를 현인이라 한다. 현을 내세워 남을 대하는 사람은 사람의 마음을 얻을 수 없고 현으로 남을 섬기는 사람은 사람들의 미움을 사는 일이 없다.

춘추시대 제나라 재상 관중管仲은 제齊 환공桓公을 도와 패업을 달성하였다. 그리하여 제 환공은 그를 중부仲父라고 존칭하였다.

이러한 관중이 병으로 몸져눕게 되자 제 환공은 그의 병문안을 갔다. 그리고는 관중에게 후계자 문제에 대한 의견을 물었다. "중부께선 위독하다 할 만큼 그 병이 깊으십니다. 이런 상황에서 제가 누구에게 국정을 맡기는 게 좋을까요?" 관중은 말했다. "누구를 염두에 두고 계십니까?" "포숙아鮑叔牙를 생각하고 있습니다."

포숙아는 관중의 오랜 친구로 제 환공이 왕위에 올랐을 당시 재상으로 삼으려던 인물이었다. 그는 자신을 대신하여 관중을 재상으로 추천한 사람이기도 했다. 관중은 말했다. "안됩니다. 포숙아는 사람됨이 워낙 청렴결백하여 청렴한 관리는 될 수 있지만 재상에는 적합하지 않습니다. 그는 자신보다 능력이 없는 사람은 상대하지 않으며 누군가 잘못이라도 범한다면 이를 마음에 두고 잊지 않을 것입니다. 만약 그를 재상으로 삼으신다면 위로는 군주를 옭아매고 아래로는 여론을 거스르게 될 것이니 얼마 지나지 않아 폐하를 힘들게 할 것입니다." "그럼 중부는 누가 재상에 적합하다고 생각하십니까?" "보다 더 적합한 사람을 찾지 못한다면 습붕隰朋이 좋겠습니다. 습붕은 묵묵히 윗사람을 보좌하고 아랫사람들을 잘 단결시킬 것입니다. 그는 태도가 겸손하고 항상 자신의 행동을 뒤돌아보고 부족함을 반성할 줄 아는 사람입니다. 뿐만 아니라 그는 자신보다 능력이 떨어지는 동료들을 배려할 줄도 압니다. 성聖과 현賢을 겸비하였다 할 수 있지요. 현에는 두 가지 종류가 있는데 그 중 한 가지는 바로 민중과 괴리된 현입니다. 수고를 하고도 좋은 소리를 듣지 못하는 쪽이지요. 다른 한 가지는 바로 아랫사람으로써의 현입니다. 사소한 은혜를 베풀고도 큰 보답을 받을 수 있지요. 습붕은 후자에 속하는 사람입니다. 나랏일 다룰 때 때로는 못들은 척할 줄 알고 집안일 처리할 때도 때에 따라 못 본 척할 줄 아니 이 또한 그의 뛰어난 장점이라 할 수 있습니다. 만약 이보다 더 적합한 사람을 찾지 못한다면 습붕이 괜찮을 것입니다."

주周 문왕文王은 재위 당시 조상의 가르침을 따라 어진 정치를 펼쳤다. 그는 선비를 예우하고 자신을 낮춰 인재와 교제할 줄 알았다. 그리하여 산의생散宜生과 같이 재능 있는 선비들이 전국 각지에서 모여들었다. 하루는 주 문왕이 사냥을 나가기 전 점을 쳐 보았는데 다음과 같은 점괘가 나왔다.

"사냥을 나가 용도 호랑이도 아니요, 큰 곰도 아닌 천하를 제패할 신하를 얻게 될 것이다."

주 문왕은 사냥을 나가 과연 점괘대로 여상呂尚을 만나게 되었다. 여상은 염제炎帝의 후손으로 지략이 뛰어나고 원대한 포부를 지닌 자였다. 그러나 그는 평생 동안 자신의 재능을 발휘할 수 있는 기회를 만나지 못하여 가난한 생활을 하였다. 그렇게 나이가 들고 그는 위수渭水강에서 낚시를 즐기며 살았다. 그날도 여상은 강가에서 낚시를 하고 있었다. 여상은 주 문왕과 그의 일행이 지나가는 것을 보고 낚싯대를 드리우더니 강물에다 대고 큰 소리로 말했다. "명령을 거역한 자여, 걸려들어라."

이는 단번에 주 문왕의 주위를 끌었고 두 사람은 이야기를 나누게 되었다. 주 문왕은 여상과의 대화를 마친 뒤 매우 기뻐하며 말했다. "우리 조상께서 일찍이 예언하시길 '미래에 주나라에 성인이 나타나 주나라의 진흥을 도울 것이다'라 하셨는데 꼭 당신을 두고 한 말 같군요. 나의 조상 태공太公은 이미 오래전부터 당신이 나타나기만을 고대하셨습니다." 그리하여 주 문왕은 여상을 '태공망太公望'이라 칭하고 그를 주나라의 국사國師로 봉하였다.

　　전설에 따르면 주 문왕은 현인에 대한 존중을 표하기 위해 여상을 마차로 모시고 자신이 직접 마차를 몰아 하곡을 벗어났다고 한다. 주 문왕이 마차를 몰고 팔백 보 정도 나아갔을 때 마차의 손잡이가 끊어졌고 주 문왕은 앉아서 휴식을 취하였다. 그러자 여상은 앞으로 주나라가 팔백 년간 천하를 다스리게 될 것이라 예언하였다. 이는 비록 소설가의 말을 빌린 것이지만 덕을 갖추고 자신을 낮춰 선비를 예우할 줄 아는 현명한 군주에 대한 후대 사람들의 갈망을 고스란히 드러내고 있다.

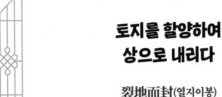

토지를 할양하여
상으로 내리다

裂地而封(열지이봉)

한번은 월나라가 군대를 앞세워 오나라를 급습하였다. 오나라 왕은 이 사람을 통솔자로 하여 겨울날 월나라와 수전을 치러 월나라 군대를 무찔렀다. 그리하여 왕은 그에게 상으로 땅을 할양해 주었다.

송나라에 실과 솜을 표백하고 세탁하는 일을 업으로 삼고 있는 사람이 있었다. 그는 우연한 기회에 피부가 얼어서 터지는 것을 방지할 수 있는 처방을 얻게 되었다.

겨울이 되자 강물은 얼음장처럼 차가워졌고 그의 여러 동료들은 찬물에 피부가 트는 것을 겁내 더 이상 일을 하지 않았다. 그러나 송나라 사람은 이 처방에 따라 연고를 만들어 손에 발랐다. 연고는 뛰어난 효과를 자랑했다. 그래서 그는 그 덕분에 다른 사람들보다 조금 더 많은 수입을 벌어들일 수 있었다.

그 후 길을 지나던 한 상인이 이 연고에 대한 이야기를 듣고 그의 집을 찾아왔다. 이 상인은 백 냥의 은자를 들여서라도 처방을 사들이고 싶어 하였다. 처방을 가지고 있던 송나라 사람은 온가족과 함께 상의를 하였고 그 결과 처방을 파는 것이 이익이라는 결론을 내렸다. 그리하여 그는 처방을 상인에게 팔아 넘겼다.

당시 오나라와 월나라는 태호太湖 일대에서 교전을 벌이고 있었다. 상인은 처방을 얻은 후 이를 곧바로 오나라 왕에게 바쳤다. 상인은 이 처방이 병사들이 전투하는 데 큰 도움이 될 것이라고 강조하였다.

그리고 곧 추운 겨울이 돌아왔다. 이때 월나라는 군대를 앞세워 오나라를 급습하였고 두 나라는 수전水戰을 벌였다. 오나라 왕은 상인이 바친 그 연고를 군사들에게 쓰게 하였고 그 결과 오나라 군사들은 동상에 걸린 사람 하나 없이 건강하게 월나라를 무찌를 수 있었다. 오나라 왕은 이에 무척 기뻐하였다. 그리하여 왕은 이 처방을 제공한 상인에게 상으로 땅을 할양해 주었다.

─────── **지혜가 꼬리를 무는 역사 이야기** ───────

기원전 124년 위청衛靑은 삼만 기마병을 이끌고 흉노족匈奴族을 추격하여 장성長城 밖으로까지 따라 잡았다. 흉노족 우현왕右賢王은 한漢나라 군대를 멀리 따돌렸다고 생각하여 조금의 경계 태세도 갖추지 않고 있었다. 그는 병영에서 술을 마시며 즐겼고 결국 곤드레만드레 취하게 되었다.

위청은 어둠을 틈타 부하들을 인솔하여 육천칠백 리의 강행군 끝에 우현왕의 군대를 완전히 포위하기에 이르렀다. 한나라 군사들은 사방에서 흉노족의 주둔지를 공격하였고 흉노족 군사들은 이리저리 달아나느라 정신이 없었다. 우현왕이 막 술에서 깨어나 한나라 군대의 공격에 대항하려 했을 때는 이미 늦은 상태였다. 그래서 그는 그의 심복들을 데리고 적의 공격을 피해 달아날 수밖에 없었다. 이 전투로 위청의 군대는 십여 명의 흉노족 왕자를 포함한 일만 오천여 명을 포로로 잡아들였다.

한漢 무제武帝는 전보를 받고 기뻐서 어쩔 줄을 몰라 하였다. 무제는 즉시 병영으로 자사를 보내 위청을 대장군으로 임명하고 식읍 팔천칠백 호를 추가로 내려 모든 장령들을 그의 지휘 하에 두도록 하였다. 뿐만 아니라 아직 젖먹이인 위청의 세 아들들을 모두 열후列侯로 봉하였다.

그러자 위청은 이를 겸손하게 거절하며 말했다. "소인이 이렇게 군대를 이끌고 영명하신 폐하의 도움 아래 승리를 거둘 수 있었던 것은 모두 목숨을 걸고 싸워준 장병들 덕분입니다. 폐하께선 저의 식읍을 늘려주시고 아무런 공로도 없는 제 어린 자식들까지도 제후로 봉하셨습니다. 그러나 이렇게 해서 어찌 전사들이 세운 공을 격려할 수 있단 말입니까?"

이 말을 들은 한 무제는 즉각 공손오公孫敖·한설韓說 등 위청을 수행하여 함께 전쟁을 치른 일곱 명의 장군들을 후작으로 봉하도록 하였다.

처음
시작하는
장자

3

흐르는 물에는
자신을
비춰 보지
못한다

큰 어려움에 처해도
두려워하지 않다

臨大難而不懼(임대난이불구)

물속을 거닐면서 용을 두려워하지 않는 것은 어부들의 용기요, 산에 올라도 맹수를 겁내지 않는 것은 사냥꾼들의 용기이며 시퍼런 칼날을 눈앞에 두고도 죽음을 두려워하지 않는 것은 장사들의 용기요, 곤궁에 몰리는 것은 운명에, 뜻을 이루는 것은 시기에 달려있음을 알고 큰 어려움에 처해도 두려워하지 않는 것은 성인의 용기이다.

춘추시대 공자는 여러 나라를 두루 돌아다니다 위衛나라에 속한 광지匡地(지금의 허난 창위안河南長垣현 부근)를 지나게 되었다. 노나라 귀족 이씨李氏 집안의 신하 양호陽虎는 과거에 이곳을 침략한 적이 있다. 공자의 제자 안극顏克은 당시 양호와 함께 이곳을 찾았다. 공자와 함께 다시 광지를 지나게 된 안극은 공자를 대신해 마차를 몰았다. 그는 스

승과 친구들에게 당시 양호의 군대가 어떻게 습격을 해서 어떻게 승리를 거두었는지, 자신이 양호와 함께 어느 성벽의 빈틈을 공략하였는지 등 자신의 무용담을 늘어놓았다.

광지 사람들은 양호에게 원한을 품고 있었다. 그런데 공교롭게도 공자의 생김새가 양호와 매우 흡사하였다. 거기다 안극이 하는 말을 들은 광지 사람들은 그들을 양호의 일행이라 오해하고 공자 일행이 밖으로 한 발짝도 움직일 수 없도록 그 즉시 용사들을 모아 공자가 지내는 역관을 포위하였다.

공자의 또 다른 제자 자로子路는 공자 일행이 길을 떠날 당시 일행과 흩어져 한참이 지나서야 일행과 합류할 수 있었다. 뒤늦게 역관에 도착한 자로는 역관 주변이 포위되어 있는 모습을 보고는 스승님이 걱정되어 한 걸음에 안으로 뛰어 들어갔다. 그런데 공자는 의외로 가야금을 켜면서 이야기꽃을 피우고 있었다. 공자에게서 낙담한 기색은 조금도 찾아볼 수 없었다. 자로는 물었다. "스승님, 어떻게 이러한 상황에도 이렇게 기분이 좋으실 수 있습니까?" 공자는 말했다. "내 할 말이 있으니 앉아 보거라. 나는 줄곧 역경에서 벗어나려고 노력했다. 그러나 어떻게 해도 벗어날 수가 없었지. 마찬가지로 나는 줄곧 좋은 환경을 찾으려고 했으나 어떻게 해도 찾을 수가 없었다. 그 시기가 적절치 않았던 게야. 현명한 왕이 세상을 통치하는 시대를 살면 바보를 포함한 모든 사람들의 삶이 순조로워지느니라. 반대로 아둔한 군주가 통치하는 어지러운 시대를 살면 모든 사람들이 역경에 처하게 되며

 3장. 흐르는 물에는 자신을 비춰 보지 못한다

똑똑한 사람도 예외가 될 수 없다. 그러니 이는 우리들의 잘못이라 할 수 없느니라. 물속을 거닐면서 용을 두려워하지 않는 것은 어부들의 용기요, 산에 올라도 맹수를 겁내지 않는 것은 사냥꾼들의 용기이며, 시퍼런 칼날을 눈앞에 두고도 죽음을 두려워하지 않는 것은 장사들의 용기요, 곤궁에 몰리는 것은 운명에, 뜻을 이루는 것은 시기에 달려있음을 알고 큰 어려움에 처해도 두려워하지 않는 것은 성인의 용기이니라. 우리의 운명은 이미 정해져 있으니 너도 마음을 가라앉히려무나."

얼마 후 오해가 풀리고 공자와 그의 제자들은 위험에서 벗어날 수 있었다.

──────────── **지혜가 꼬리를 무는 역사 이야기** ────────────

동한東漢 환제桓帝 시대 순거백荀巨伯이라는 사람이 멀리 살고 있는 친구가 병이 났다는 얘기를 듣고 병문안을 갔다. 그가 힘겹게 친구가 살고 있는 서북 변경의 한 마을에 도착하였을 때 주민들은 노인과 어린아이들을 데리고 무리를 지어 성 밖으로 향하고 있었다. 알고 보니 때마침 오랑캐가 이곳에 쳐들어오고 있던 것이었다. 친구는 순거백에게 말했다. "나는 곧 죽을 몸이니 자네나 어서 몸을 피하게." 순거백은 말했다. "멀리서 자네를 보러 온 친구에게 떠나라니. 내게 의를 버리면서까지 목숨을 부지하라는 말인가? 이 순거백이 그렇게 할 수는 없지."

　오랑캐는 성안으로 진입해 순거백 친구의 집에 쳐들어왔다. 그들은 순거백이 친구를 보살피며 약을 먹이는 모습을 보고는 순거백을 잡아다 그들의 우두머리에게 끌고 갔다. 그 우두머리가 순거백에게 말했다. "우리 군대가 도착하였을 때 마을 사람들은 모두 달아난 후였다. 너는 대체 어떤 사람이기에 감히 혼자 남아있는 것이냐?" 순거백은 대답하였다. "병든 친구를 버려두고 차마 혼자 떠날 수가 없었소. 나는 차라리 내 목숨으로 친구의 목숨을 대신하고 싶소." 오랑캐의 우두머리는 위험에 맞닥뜨리고도 두려워하지 않는 순거백의 기개에 감동하여 곁에 있는 사람들에게 말했다. "인의를 중시하지 않는 우리 군대가 인의를 중시하는 곳에 쳐들어왔구나!" 그리고는 순거백을 풀어주고 군대를 철수시켰다. 이로써 이 마을은 평안을 되찾을 수 있었다.

사람을
분노케 하다

令人發指(영인발지)

부하가 안으로 들어가 알리자 도척은 크게 노하여 두 눈에는 섬뜩한 빛이 번뜩였고 머리털이 치솟아 하마터면 모자가 뒤집힐 뻔하였다.

───────────

공자는 사람을 시켜 짐을 꾸리고 마차를 준비하도록 하였다. 공자는 안회에게 마차를 몰도록 하고 자공을 경호원 삼아 도척에게로 향하였다. 그는 도척에게 지난날의 잘못을 뉘우치고 바른길을 가라고 설득할 참이었다.

그때 도척은 태산泰山에 주둔하고 있었다. 도척의 무리는 점심을 준비하며 휴식을 취하고 있었다. 삼삼오오 무리지어 왁자지껄 떠드는 소리가 산 속에 울려 퍼졌다. 공자는 마차에서 내려 도척의 주둔지를 향해 걸었고 자공이 그 뒤를 따랐다. 보초를 서던 도척의 졸개는 공자와 자공을 연락관에게 데려갔다. 공자는 읍(공수한 손을 얼굴 앞으로 들고 허리를 앞으로 공손히 구부렸다 펴면서 하는 인사)하여 예를 차리며 말했다. "노나라에 사는 공구孔丘, 오래전부터 장군의 존함을 듣고 이렇게 뵙고자 찾아왔습니다."말을 마치고 공자는 다시 한 번 읍하여 예를 차렸다.

연락관은 도척에게 이를 보고하였다. 그러자 도척은 이 말을 듣고 눈에는 섬뜩한 빛이 번뜩이고 머리카락은 위로 솟아 모자가 뒤집힐 정도로 노하며 큰 소리로 말했다.

"공구라면 노나라의 그 교활한 위선자가 아니더냐? 가서 그 자에게 이렇게 전해라. 너는 문무를 빌어 감투를 쓰고 소가죽으로 만든 띠를 두르고 다니면서 말도 안 되는 이야기를 지껄여 농사를 짓지 않아도 먹고살며 옷을 짜지 않아도 입을 옷이 있다. 그 잘난 세치 혀를 놀려 멋대로 옳고 그름을 판단하며 천하의 군주를 현혹시키고 학자들을 본업에서 벗어나 효나 공손함을 빙자하여 요행으로 부를 누리게 하니 그 죄가 참으로 무겁다. 당장 돌아가거라. 그렇지 않으면 네 간으로 점심을 해결할 것이다."

———————— **지혜가 꼬리를 무는 역사 이야기** ————————

남북조南北朝시대 유송劉宋 왕조는 육십 년 만에 멸망하여 역사 속으로 사라졌다. 이 기간 동안 총 여덟 명의 황제가 집권을 하였으며

  3장. 흐르는 물에는 자신을 비춰 보지 못한다

여섯 명의 폭군暴君이 나왔다. 그 중에서도 유송의 여섯 번째 황제였던 유자업劉子業은 가장 방탕하고 잔학하기로 유명하였다. 그가 재위기간 동안 저지른 만행은 사람들을 분노로 몰아넣었다.

유자업은 효孝 무제武帝 유준劉駿의 큰아들이다. 그는 왕위를 계승한 뒤 영삭장군寧朔將軍 하매何邁의 아내였던 자신의 고모 신채공주新蔡公主를 궁으로 불러들여 자신의 여자로 삼았다. 유자업은 이 사실을 은폐하기 위해 궁녀 한 명을 살해하여 그 시신을 신채공주라 가장하고 하매에게 보냈다. 그러고는 신채공주를 귀빈貴嬪으로 책봉하고 사謝씨로 성을 바꾼 뒤 사람들에게 사귀빈마마라 부르게 하였다.

얼마 후 유자업은 그의 작은할아버지 유의공劉義恭이 자신에게 해가 된다고 생각하여 직접 군대를 이끌고 유의공의 집을 찾아가 유의공과 그의 네 아들을 모두 살해하였다. 그런 다음 그들의 사지를 찢고 배를 갈라 위와 장을 꺼냈으며 눈알을 도려내어 벌꿀에 담가 '귀목종鬼目粽'이라 이름 붙였다.

그러던 어느 날 밤 유자업은 귀신이 자신을 쫓아와 때리는 꿈을 꾸었다. 다음날 그는 무당을 불러 꿈 이야기를 하였고 무당은 화림원華林園에서 귀신을 잡을 수 있다고 말하였다. 그날 저녁 해 질 무렵 유자업은 화림원으로 갔다. 그는 무당에게 먼저 술법을 행하도록 하고 난 뒤 연달아 세 발의 화살을 쏘았다. 무당은 이로써 귀신을 완전히 몰아냈다고 말했다. 이에 유자업은 크게 기뻐하며 연회를 열어 이를 축하하였다.

한참을 먹고 마시며 연회를 즐기고 있을 때 갑자기 여러 명의 사람들이 그를 덮쳤다. 그들은 바로 평소에 유자업에게 모욕을 당하였던 여러 제후들의 수하였다. 유자업은 황망히 활을 들어 화살을 쏘아 댔지만 모두 빗나갔다. 그는 궁으로 도망치려다 내시 수적지壽寂之에게 죽임을 당하였다.

모여든 사람들이 사방에 가득하다

滿坑滿谷(만경만곡)

그 소리에 장단이 있고 강약이 있어 계속해서 변화하지만 큰 틀을 벗어나지 않고 그렇다고 본래의 가락에 집착하지도 않으며 산골짜기에서는 산골짜기를 가득 채우고 동굴에서는 동굴을 가득 메우며 눈과 귀를 메우고 사람의 마음을 가라앉힐 수도 있으니 사람마다 물건마다 그 느끼는 바가 다른 것이다.

황제는 음악에 정통하여 직접 곡을 쓰기도 하고 악기를 연주하기도 하였다. 그의 수하에 북문성北門城이라는 대신이 있었는데 그 역시 음악을 좋아했다. 그리하여 그는 황제에게 가르침을 청하였다. "저는 운 좋게도 폐하께서 동정평원洞庭平原에서 지휘하신 〈함지곡咸池曲〉의 연주를 들었는데 정말이지 평생 잊을 수 없는 경험이었습니다. 〈함

지곡)은 3악장으로 나누어져 있는데, 1악장을 듣는 순간 너무 놀라 경외심마저 들었습니다. 2악장을 듣고는 몸과 마음이 느긋해졌지요. 마지막 3악장은 제 마음을 허전하게 만들었습니다. 눈과 귀가 고요해지는 것이 멍한 상태로 제 자신을 잊게 만들었지요." 황제가 말했다. "감상평이 아주 그럴싸하구나! 나는 1악장에서 인생을 이야기하였다. 하늘의 뜻을 참고하고 예의를 따르며 끝없이 넓은 우주의 빛을 추구하여 만물이 사계절에 따라 변화하는 모습을 표현하였지. 흥하면 쇠함이 있고 쇠하면 흥함이 있으며 삶은 죽음을 대신하고 죽음은 삶을 대신하고 더위 속엔 눅눅함이 있고 추위 속엔 싸늘함이 있으며 음陰과 양陽은 서로 조화를 이룬다. 기가 흐르고 물이 흐르니 이에 귀 기울이면 유성有聲의 소리가 들리고 햇빛이 비치고 달빛이 비치니 이에 귀 기울이면 무성無聲의 소리가 들린다. 나는 겨울잠을 자는 곤충들을 깨우려 천둥과도 같은 소리를 삽입하였다. 이렇게 처음의 음을 잡고 끝에는 여운을 남기는 방식으로 악단 하나하나를 만들었다. 그 소리에 장단이 있고 강약이 있어 계속해서 변화하지만 큰 틀을 벗어나지 않고 그렇다고 본래의 가락에 집착하지도 않으며 산골짜기에서는 산골짜기를 가득 채우고 동굴에서는 동굴을 가득 메우며 눈과 귀를 메우고 사람의 마음을 가라앉힐 수도 있으니 사람마다 물건마다 그 느끼는 바가 다른 것이니라." 북문성은 황제의 말을 듣고 큰 계시를 받았다.

　서진西晉 말기에는 부정부패가 심각하였다. 이렇게 정치가 혼란한 틈을 타 서북 지역과 북방 지역의 몇몇 민족들은 진나라의 통치에서 벗어나 잇따라 16개의 국가를 건설하였는데 이를 5호16국五胡十六國이라 부른다. 그 중 가장 큰 나라는 바로 전진前秦이라 불리는 저족低族이 세운 진나라였다.

　전진은 소위 관중의 땅이라 하는 섬서陝西 일대를 점거하여 점차 그 영역을 확대해나가며 북중국 대부분의 지역을 점령하였다. 당시 진나라는 비교적 동남쪽에 위치하여 동진東晉이라고 불리며 전반적으로 남북 대립 구도를 형성하였다.

　383년 북방의 전진왕 부견苻堅은 구십만 대군을 동원하여 위풍당당하게 회하淮河강으로 진군하여 동진을 공격하였다. 전진왕 부견은 백만의 강력한 군대와 충분한 군량을 보유하고 있어 약소국인 진나라를 치는 것쯤은 식은 죽 먹기라 생각하였다.

　전진의 군대는 첫 전투에서 승리를 거두고 단번에 수양壽陽을 점령하고 전진에 투항한 동진의 장군 주서朱序를 사석謝石의 진영에 보내 항복을 권유하도록 하였다. 그러나 주서는 사석의 진영에 도착해서는 항복을 권유하기는커녕 진나라 군대의 속사정을 귀띔하였다. 그리하여 사석은 그 즉시 부하 유뢰劉牢에게 정예병 오만 명을 이끌고 해질녘을 틈타 전진의 군대를 습격하도록 하였다.

전진의 군대는 갑작스러운 공격을 이겨내지 못하고 결국 크게 패하였다. 너무나도 화가 난 부견은 성루에 올라 비수淝水강 남쪽의 진나라 군대를 바라보았다. 멀리서 보이는 진나라 군대는 사기가 충만해 보였다. 팔공산의 무성한 초목들이 바람에 따라 흔들리는 모습을 보니 마치 진나라 군사로 가득 찬 듯 보였다. 그러자 알 수 없는 불안감이 엄습해왔다. 부견은 혼자 중얼거리며 말했다. "진나라 군사가 참으로 많구나!"

그의 영향을 받아 전진 군사들의 사기는 바닥에 떨어졌다. 부견의 지휘도 아무런 힘을 발휘하지 못하였다. 결국 전진의 군대는 무너져 내렸고 부견은 낙양으로 도망쳤다. 그는 바람소리만 들어도 불안에 떨며 어쩔 줄을 몰라 하였다. 이렇게 무너지기 시작한 전진은 다시 일어서지 못하고 날로 붕괴되어갔다.

갈수록
상황이 나빠지다

每下愈況(매하유황)

당신의 질문은 도의 본질을 물은 것이 아니다. 시장을 관리하는 벼슬아치가 그의 시종에게 어떻게 살이 잘 오른 돼지인지 판단하느냐 묻자 그는 아랫부분을 볼수록 정확하다 하였다.

―――――――――

전국시대 동곽자東郭子라는 사람이 있었다. 그는 장자가 도에 통달하였다는 말을 듣고 장자에게로 가서 가르침을 구하였다. 동곽자가 물었다. "선생님이 얘기하시는 도는 대체 어디에 존재하는 것입니까?" 장자는 말했다. "어디든 존재하지 않는 곳이 없습니다." "구체적인 예를 들어 말씀해 주셔야 이해가 가지요." "땅강아지에도 있고, 개미에도 있습니다." "어째서 그처럼 하찮은 것에 있습니까?" "논에 자라는 피에도 있습니다. "어찌 도가 그처럼 하찮은 것에 있을 수 있습니까?” “기와나 벽돌에도 있습니다.” “동물에서 식물로 떨어지더니 식물에서 다시 무생물로 떨어지는 군요. 어찌 점점 더 하찮은 것들에 도가 있다 하십니까?” “소변과 대변에도 있습니다.”

동곽자는 장자가 일부러 장난을 치는 것이라 생각하여 아무 말도 하지 않았다. 그러나 장자는 진지하게 다시 말했다. “도는 세상 어디에든, 세상 무엇에든 존재합니다. 제가 진작 말씀드리지 않았습니까? 그러나 그쪽은 계속해서 중점에서 벗어난 질문들을 하셨지요. 그래서 저는 추잡스러운 예를 들어가며 말씀드린 것입니다. 그러나 당신이 끝까지 물고 늘어졌다면 저는 아마 그 질문들에 더 이상 대꾸하지 못하였을 것입니다. 백정은 살찐 돼지를 고를 때 돼지의 배나 등을 살피지 않고 돼지의 다리를 보지요. 다리는 쉽게 살이 오르지 않아 다리가 튼실하면 다른 부위는 볼 것도 없기 때문입니다. 이처럼 하찮은 것일수록 더욱 분명해지는 법입니다. 도는 어디에나 존재하며 미세하고 하찮은 곳일수록 더욱 분명하게 드러나는 것이지요.” 동곽자는 그제야 분명히 이해를 하고 장자의 학식에 탄복하였다.

—————————— **지혜가 꼬리를 무는 역사 이야기** ——————————

애자艾子는 모래사장을 거닐다가 자신의 발 앞에 조그마한 동물이 기어가고 있는 것을 발견하였다. 이 동물은 납작하고 동글동글한 것이 여러 개의 발이 달려있었다. 애자는 이것을 주워 소매부리에 넣

3장. 흐르는 물에는 자신을 비춰 보지 못한다

고는 해변에 사는 사람을 찾아 그에게 물었다. "이건 이름이 뭐죠?" 그 사람은 애자에게 말했다. "이것은 꽃게입니다."

애자는 다시 모래사장을 걸었다. 그리고 그는 또다시 작은 동물을 발견하게 되었다. 납작하고 동글동글한 것이 꽃게처럼 여러 개의 발이 달려 있었다. 하지만 꽃게보다는 크기가 더 작고 움직임도 더 느렸다. 그래서 애자는 다시 해변에 사는 사람에게 가서 물었고 그는 '게'라고 답해주었다.

애자는 산책을 계속하였다. 그런데 뜻밖에도 모래사장을 기어가는 작은 동물을 또 발견하게 되었다. 생김새나 행동하는 모양이 앞서 봤던 꽃게나 게와 완전히 똑같았지만 그 둘에 비해 훨씬 자그마하였다. 애자는 왠지 매우 흥미로웠다. 그리하여 애자는 끝까지 물어보기로 결심하고 다시 해변에 사는 이를 찾아가 물었다. 결국 애자는 자신이 주운 것은 방게로 게의 한 종류라는 답을 얻을 수 있었다.

'꽃게·게·방게 모두 게이지만 그 크기가 갈수록 작아지다니.' 애자는 생각하면 할수록 재미있다는 생각이 들었다. 그러고는 자신도 모르게 탄식하며 말하였다. "왜 갈수록 이 게가 저 게보다 못한 거지?"

현왕의 다스림으로
돌아가야 한다

明王之治(명왕지치)

영명한 군주의 다스림은 그 공적과 덕행이 천하를 뒤덮어도 이를 자신의 힘 때문이라 여기지 않고, 만물에게 교화를 베풀어도 백성들이 이에 기대어 살게 하지 않으며, 공로를 세워도 이를 이야기하지 않고, 세상의 만물이 각자 자신이 있어야 할 곳에 있도록 하며, 자신은 헤아릴 수 없는 경지에 올라 '허무의 도'와 함께 노니는 것이다.

양거陽居 선생은 지도자학을 연구하여 영명한 군주인지를 가늠하는 세 가지 기준을 만들어냈다. 그러나 그는 이에 대해 좀처럼 확신이 서지 않았다. 그리하여 그는 노자에게 조언을 구하러 갔다.

노자를 만난 후 양거는 단도직입적으로 물었다. "어떠한 이는 일처리를 하는데 동작이 민첩하고 결단력이 있으며 생각이 트이고 견

 3장. 흐르는 물에는 자신을 비춰 보지 못한다

문이 넓으며 배우는 일도 게을리하지 않습니다. 만약 이렇게 세 가지 장점을 두루 갖춘 사람이 있다면 영명한 군주에 견주어 볼 수 있겠습니까?" 노자는 고개를 저으며 말했다. "당신이 말한 사람은 꼭 관아에서 일하는 소리小吏(하급 관리) 같군요. 일에 지치고 마음이 급한 그런 사람 말입니다. 그의 장점들은 밧줄과도 같아서 자신을 일에 묶어 두고 모른 척할 수도 그만둘 수도 없게 하며 표창을 받고 싶지 않아도 그렇게 할 수 없게 만들지요. 결국 병이 나고 죽어서야 그 밧줄에서 벗어날 수 있습니다. 호랑이와 표범은 화려하고 아름다운 가죽을 사람에게 제공하지요. 그래서 사냥을 당합니다. 원숭이는 재주를 부려 사람을 즐겁게 하기 때문에 포획당하고 개는 여우를 쫓는 재주가 있어 사람들에게 끌려 다니는 것입니다. 이들은 모두 장점을 지니고 있는데 그렇다면 이들을 영명한 군주와 비할 수 있겠습니까?"

양거는 불현듯 깨달으며 말했다. "영명한 군주는 어떻게 천하를 다스리는지 여쭈어도 되겠습니까?" 노자는 말했다. "영명한 군주의 다스림은 그 공적과 덕행이 천하를 뒤덮어도 이를 자신의 힘 때문이라 여기지 않고, 만물에게 교화를 베풀어도 백성들이 이에 기대어 살게 하지 않으며, 공로를 세워도 이를 이야기하지 않는 것입니다. 그럼으로 해서 세상의 만물이 각자 자신이 있어야 할 곳에 있도록 하고 자신은 헤아릴 수 없는 경지에 올라 '허무의 도'와 함께 노닐지요."

정관년貞觀年(627~649) 당唐 태종太宗은 수나라의 멸망에서 교훈을 얻어 주州와 현縣을 통합하여 지출을 줄이고 농민이 일정한 토지를 보유하도록 하고 노역의 부담을 줄이는 등 여러 조치를 취하여 경제를 발전시켰다. 이로써 당 태종은 민심을 얻을 수 있었다. 그는 일찍이 옛말을 인용하여 민심의 중요성에 대해 말하기를 "황제는 배요 백성은 물이니, 물은 배를 앞으로 나아가게 할 수도 배를 전복시킬 수도 있다."고 하였다.

뿐만 아니라 그는 비교적 진보적인 민족 정책을 펼쳐 각 민족의 지지를 얻었다. 북방의 여러 민족들은 그를 '천가한天可汗(하늘에서 내려온 황제)'이라 칭송하였다. 당 태종은 문성공주文成公主를 토번吐蕃의 왕에게 시집보내 한족漢族과 티베트족藏族 간의 관계를 더욱 돈독히 하며 중국이라는 다민족 국가의 안정에 큰 공헌을 하였다. 당 태종 이세민은 진보적이고 나라와 백성에게 모두 이로운 정책을 실행하여 정권을 공고히 하였고 사회 경제의 회복과 발전을 이룩하였다. 이로써 비교적 안정적이고 평화로운 사회 환경이 조성되었다. 당 태종은 역사상 보기 드문 현왕이라 할 수 있다.

허물없는 사이의
친구가 되다

莫逆之交(막역지교)

세 사람이 서로를 바라보며 웃으니 마음이 맞아 곧 친구가 되었다.

자상호·맹자반·자금장은 각자 도를 연마하는 데 몰두하여 원래는 서로 모르는 사이였다. 그러던 어느 날 우연히 만나게 된 그들은 이야기를 나누다 서로 의기투합하게 되었다.

세 사람은 입을 모아 이야기하였다. "세상에 얼마나 많은 사람들이 우리처럼 서로를 위하되 눈에 보이지 않게 위하고 서로를 돕되 무엇을 도왔는지 모르게 도우며 살아가는지 모르겠네. 또 세상에 얼마나 많은 사람들이 바로 우리처럼 이렇게 광활한 하늘에서 살며 현실을 멀리 뛰어넘어 구름을 타고 노닐며 안개에 가려지내고 흘러가는 대로 몸을 맡기며 심오한 도를 연구하고 자신을 잊고 영원을 향하여 살아가는지는 더더욱 모르겠네." 세 사람은 서로를 마주보고 웃으며 그렇게 친구가 되었다. 그러고는 계속해서 도를 연마하러 각자 집으로 돌아갔다.

얼마 후, 자상호가 갑자기 세상을 떠났고 맹자반과 자금장이 장례를 치르러 왔다. 이 소식을 들은 공자는 제자 자공을 보내 조문을 하도록 하였다. 자공이 장례식에 도착하고 그는 자신의 눈앞에 펼쳐진 광경에 깜짝 놀랐다. 자상호의 주검이 마당에 덩그러니 놓여있고 맹자반과 자금장은 그 옆에 앉아 한 사람은 주검을 감쌀 삿자리를 짜느라, 다른 한 사람은 거문고를 뜯으며 노래를 하느라 여념이 없었기 때문이었다. 노래 가사는 다음과 같았다.

"상호여, 상호여, 그대는 이미 티끌세상을 벗어났는데 우리는 아직 이 세상에 남아 있네."

자공은 두 사람의 행동에 어이가 없었다. 그리하여 다급히 그들에게 다가가 엄숙하게 말했다. "주검을 앞에 두고 노래를 부르다니 이것이 예의요?" 두 사람은 서로 마주보며 웃더니 고개를 들어 자공을 바라보았을 뿐 아무런 대꾸도 하지 않았다. 그렇게 각자 하던 일을 계속하더니 동시에 자공에게 말했다. "여기 계신 선생은 예의에는 밝지만 안타깝게도 예의 본뜻은 알지 못하시는군요."

동한東漢 시대 남양南陽 출신인 장감張堪은 태학太學에서 공부를 하였다. 장감은 같은 현縣 출신의 주휘朱暉라는 자가 신용을 매우 중시한다는 이야기를 듣고 그를 매우 경모하였다.

우연한 기회에 장감과 주휘는 태학에서 서로를 알게 되었다. 두 사람은 서로를 늦게 만난 것을 아쉬워하였다. 얼마 후 장감이 병으로 태학을 떠나게 되었다. 떠나기 전 장감은 주휘의 팔을 잡으며 말했다. "나는 자네가 참 괜찮은 사람이라고 생각하네. 내 아내와 아이들을 맡길 수 있을 정도로 말이지."

훗날 주휘는 한나라 광무제光武帝에 의해 낭관郎官에 임명되었고 그로부터 다시는 장감을 만나지 못하였다. 장감은 처자식을 남겨두고 고향에서 숨을 거두었다. 주휘는 장감의 처자식이 힘겹게 생활하고 있다는 얘기를 듣고 직접 그들을 찾아가 여러 물질적인 도움을 주며 그들을 극진히 보살폈다.

주휘의 아들 주힐朱頡은 아버지의 이런 행동들이 도무지 이해가 가질 않았다. 그래서 그는 아버지에게 물었다. "저는 여태껏 아버지께 장감에 대한 어떠한 이야기도 들어본 적이 없습니다. 그런데 왜 갑자기 그의 집안을 이렇게 돌봐주시는 겁니까?" 주휘는 답했다. "장감은 나와 허물없이 가까운 사이였다. 나는 그가 처자식을 내게 맡긴다면 그들을 보살피리라 진작부터 마음먹고 있었느니라."

장감이 주휘에게 특별한 부탁을 하지 않았어도 주휘는 그의 뜻을 헤아렸으니 그들의 우정은 최고의 경지에 이르렀다 할 수 있다. 후에 '情同朱張(정동주장)'이란 말은 허물없이 친한 사이를 뜻하는 대명사가 되었다.

기술이 숙달되어
경지에 이르다

目無全牛(목무전우)

처음 소를 잡았을 때는 오직 소만 보였다. 그러나 삼 년 뒤에는 완전한 소를 본 적이 없다. 지금 나는 정신으로 소를 대하여 눈으로 볼 필요가 없어졌다. 눈과 귀와 같은 감각의 사용을 멈추고 마음을 움직인다.

문혜군文惠君은 후원에 나갔다가 백정이 소를 잡고 있는 모습을 보았다. 백정은 칼을 들고 도살대 앞에 서 있었다. 그는 칼을 갈아 어깨에 대더니 발로 소를 누르고 칼을 휘둘러 소를 찔렀다. 그의 몸놀림을 따라 '쓱쓱'하는 칼 소리가 울려 퍼졌고 그 소리는 제법 듣기가 좋았다.

음악에 일각연이 있던 문혜군은 칼 소리에서 리듬을 찾아냈다. 이 리듬은 꼭 '상림무桑林舞'의 가락과도 같았으며 '경수락經首樂'의 박자와도 잘 어울렸다. 문혜군은 이를 칭찬하며 말했다. "아주 훌륭하구나. 너의 기교는 어쩜 이리도 뛰어나느냐?" 백정은 칼을 내려놓으며 답하였다. "제가 관심을 갖는 것은 기교보다 더 높은 곳에 있는 '도'입니다. 처음 제가 소를 잡았을 때는 오직 소만 보였습니다. 그러나 삼년 뒤에는 완전한 소를 본 적이 없지요. 지금 저는 정신으로 소를 대하기 때문에 눈으로 볼 필요가 없어졌습니다. 저는 이 칼을 십구 년 동안 사용하면서 몇 천 마리의 소를 잡았습니다만 아직도 새 칼같이 날이 서있습니다. 그러니 뼈가 두려울 리 있겠습니까? 게다가 뼈라하더라도 뚫고 들어갈 수 있는 빈틈이 있는 법입니다. 이 빈틈에는 어느 정도의 폭이 있고 칼날은 두께라 할 만한 것이 없으니 칼날이 들어가도 공간에는 여유가 있습니다. 그래서 십구 년을 사용하였어도 새 칼처럼 날이 서있는 것이지요. 하지만 솔직히 말해서 근육과 뼈가 서로 엉킨 부분을 손질하기란 쉽지 않습니다. 때문에 스스로 조심해야 한다고 주의를 환기시킵니다. 그런 다음 정신을 집중하고 천천히 칼을 휘두르지요. 그렇게 해서 '쓱쓱 싹싹'하는 소리가 들리면 흡사 산사태가 나는 것과 같이 살점들이 떨어져 나옵니다." 문혜군은 이 말을 듣고 박수를 치며 말했다. "훌륭하다. 백정의 소 잡는 이야기를 들으니 내가 어떻게 양생해야 하는지를 알겠다."

명明나라에는 손재주가 매우 뛰어난 왕의王毅라는 조각가가 있었다. 자는 숙원叔遠으로 강소江蘇 우산虞山(지금의 창수시常熟市) 사람이었다.

왕숙원은 한 치정도 크기의 자그마한 나무에 궁전의 각종 용구와 인물에서부터 새와 짐승, 나무와 돌까지 조각해 내지 못하는 것이 없었으며 게다가 각각의 표정과 동작까지도 표현해 냈다. 섬세하고도 정교한 그의 조각 솜씨는 이미 대단히 숙달된 경지에 이르렀다 할 만하였다.

왕숙원의 주특기를 살려 조각한 '핵주核舟'는 그 정교함의 끝을 보여주고 있다. 핵주는 팔푼 정도의 길이로 선실을 넓게 조각하였고 젓가락으로 만든 돛으로 위를 덮어 두었다. 양 옆에는 모두 열고 닫을 수 있는 작은 창이 나 있으며 창을 열면 양측의 난간이 보이고, 창을 닫으면 우측 창문과 좌측 창문에 각각 다음과 같은 글귀를 볼 수 있다.

山高月小   산이 높으니 달이 작고
水落石出   물이 마르니 돌이 드러나다.
淸風徐來   맑고 신선한 바람이 부드럽게 불어오니
水波不興   수파가 일지 않다.

그 중에서도 가장 기묘한 것은 바로 핵주의 밑바닥에 '千啓壬戌秋日(천계임술추일), 虞山王毅叔遠刻(우산왕의숙원각)'이라는 모기 다리만 한 글자가 분명하게 새겨져 있다는 것이었다. 그리고 그 밑에는 '初平山人(초평산인)'이라는 네 글자의 붉은 인장이 찍혀 있다.

온갖 고초를
겪다

沐雨櫛風(목우즐풍)

우는 직접 삽을 들고 땅을 파고 흙을 고르며 천하의 강물을 모았다. 힘들게 일을 하느라 장딴지와 종아리에 난 솜털이 다 반질거릴 정도였다. 폭우에 젖고 모진 바람을 맞아가며 끝내 천하를 안정시켰다.

요堯임금 시대 황하 유역에 엄청난 수재가 발생하여 전국을 휩쓸었다. 재난은 이십여 년 동안 지속되었고 이로 인한 백성들의 고통은 이루 말할 수 없었다. 요임금은 곤鯀에게 치수에 힘쓰라 명하였으나 곤의 치수작업은 구 년이 지나도록 성과를 거두지 못하였다.

순舜은 요를 대신하여 부족 연맹의 수령이 된 뒤 직접 치수 작업 현황을 시찰하였다. 그리하여 순은 곤이 치수 작업에 최선을 다하지 않았다는 것을 알고는 곤을 제거한 뒤 곤의 아들 우禹에게 치수를 맡겼다.

우는 아버지가 실행했던 방식을 버리고 물길을 터서 물을 빼고 물길을 쳐내 바다로 흘려보내기로 하였다. 계획을 세운 뒤 우는 전국 각지로 뛰어다니면서 홍수를 막고 강에 물길을 여러 갈래로 트는 동시에 이재민을 구제하는 데 힘썼다. 그는 직접 삽을 들고 백성들과 함께 땅을 파고 흙을 골랐다.

십삼 년의 노력 끝에 우는 인접 국가와 구주九州(옛날 우임금이 중국을 9개로 나누어 다스렸다고 함)로 통하는 삼백 개의 큰 강과 삼천 개의 지류 그리고 수없이 많은 개천을 만들어 냈다. 이로써 물을 바다로 흘려보내는데 성공하고 땅에는 농작물을 키울 수 있게 되면서 전무후무했던 수재를 극복하였다.

후대의 사람들은 그를 숭배하며 그를 '대우大禹'라 칭하였고 우왕을 모시는 사당을 세워 그를 기렸다.

──────── **지혜가 꼬리를 무는 역사 이야기** ────────

춘추시대 진나라에 내란이 발생하였다. 진晉 헌공獻公은 부인이 죽자 자신의 애첩 여희驪姬를 부인으로 삼았다. 여희는 자신의 아들 해제奚齊를 태자로 책봉하고자 태자 신생申生을 죽음으로 내몰았다. 뿐만 아니라 해제보다 손 위인 왕자 중이重耳와 이오夷吾를 살해하려 하였다. 이에 신변의 위협을 느낀 중이와 이오는 각각 다른 나라로 몸을 피하였다.

　중이는 진나라를 도망쳐 나와 호모狐毛·호언狐偃·조쇠趙衰·개자
추介子推 등 그를 따르는 대신들과 함께 위나라·제나라·조나라·송나
라·초나라를 전전하다 진秦나라로 향하였다. 진 목공은 이들을 환대
해 주었을 뿐 아니라 자신의 딸 회영懷嬴을 중이와 혼인시켰다.

　주周 상왕襄王 16년(기원전 636년) 진晉 혜공惠公이 세상을 떠나고
진晉 회공懷公이 왕위를 계승하였다. 중이는 이러한 소식을 진 목공에
게 알렸고 진 목공은 말하였다. "이는 하늘이 주신 기회이니 절대로
이를 놓쳐서는 안 된다. 내 직접 군대를 이끌고 너희가 돌아가는 길을
배웅해 주겠다."

　진나라 대군은 황허 강 유역에 도착하였다. 진 목공은 공자번公
子繁에게 군사를 이끌고 중이를 호위하여 강을 건너도록 하고 자신은
지원군으로써 군대와 함께 강 서쪽에 주둔하였다. 이 소식을 전해들
은 진 회공은 성을 버리고 달아났다. 진나라의 문무 대신들은 중이를
국왕으로 추대하였고 이로써 중이는 역사 속에서 말하는 진晉 문공文
公이 되었다.

　마흔세 살부터 줄곧 쫓기는 처지에 있었던 진 문공이 왕위에 올
랐을 때 그의 나이 예순두 살이었다. 장장 십구 년이라는 시간을 다른
나라에서 온갖 어려움을 겪으며 지내왔던 것이다. 장기간의 방랑생활
은 중이와 그 수하의 대신들을 더욱 단단하게 단련시켰다. 그리하여
그들은 굳건한 의지와 넓은 견문을 갖출 수 있었다. 중이는 국왕이 된

뒤 각국을 돌아다니며 얻은 경험을 바탕으로 국내 정치를 바로잡고 민심을 안정시키는데 힘썼다. 그리하여 진나라는 곧 강성해졌다.

3장. 흐르는 물에는 자신을 비춰 보지 못한다

원대한 계획을
세우다

鵬程萬里(붕정만리)

붕이 남쪽 바다를 향해 날아오를 때면 그의 날갯짓 한 번에 삼천리의 거대한 파도가 일었다. 회오리 폭풍을 타고 몇 만 리의 상공에까지 날아올라 단번에 구만 리를 날았으며 한 번 비행을 시작하면 쉬지 않고 꼬박 육 개월을 날았다.

북쪽 바다에는 곤鯤이라는 물고기가 살고 있었다. 곤은 그 크기가 너무나도 커서 몇 천 리나 되는지 알 수 없었다. 곤이 변해서 새가 되었는데 이 새가 바로 붕鵬이다.

붕의 거대함은 그 무엇과도 비교할 수 없을 정도였다. 그 등만 하더라도 몇 천 리나 되는지 알 수 없으며 붕이 한 번 날아올라 그 날개를 펴면 마치 하늘을 뒤덮은 구름과도 같았다. 붕은 매년 겨울철 사리 기간이 되면 북쪽 바다에서 남쪽 바다로 서식지를 옮겨갔다. 붕이 북쪽 바다에서 날아오를 때면 그의 날갯짓 한 번에 삼천리의 거대한 파도가 일었다. 이 새는 폭풍을 타고 하늘로 높이 올라가 회오리바람과 함께 몇 만 리 상공에까지 날아올랐다. 이렇게 단번에 구만 리를 날아 쉬지 않고 꼬박 육 개월을 비행하였다.

붕이 날개를 펴고 열심히 하늘을 날아 남쪽 바다로 향할 때면 매미와 비둘기, 메추라기 등은 모두 이에 놀라며 의아해하기도, 재미있어하기도 하였다. 이들은 붕의 행동을 도무지 이해할 수 없었다. 메추라기는 붕을 가리키며 비웃는 어투로 말했다. "저렇게 멀리 날아가서 뭐한대? 나처럼 이렇게 풀숲을 이리저리 날아다녀도 충분히 자유로운데 말이야. 하여간 저 덩치 큰 녀석은 참 희한한 놈이야. 도대체 저렇게 날아서 어딜 가려는 거지?"

──── 지혜가 꼬리를 무는 역사 이야기 ────

남북조시대 유송 남양군南陽郡의 열양涅陽 지역에서 명장 종각宗愨이 태어났다. 종각은 어려서부터 용기와 담력이 남달라 소년 시절부터 무예를 익혔다. 학식과 용감함을 두루 겸비하였던 그는 일찍부터 원대한 포부를 품고 있었다.

한번은 숙부 종소문宗少文이 그에게 물었다. "종각아, 너는 커서 무엇이 되고 싶으냐? 네 바람을 한 번 이야기해 보거라." 종각은 맑고 우렁찬 목소리로 답했다. "바람을 타고 만 리의 파도를 헤쳐 나가고 싶습니다."

욕심 없는 삶을 즐겼던 종소문은 이처럼 패기 있는 종각의 대답을 듣고 기뻐하기는커녕 오히려 한숨을 내쉬며 말했다. "만약 네가 부유하지 않았더라면 우리 가문을 무너뜨리고도 남았을 게야."

원가元嘉 22년(445년) 유송의 문제文帝는 임읍林邑(현재는 베트남 경내)을 공격하였고, 종각은 자발적으로 이 전쟁에 참가하였다. 임읍의 국왕 범양매范陽邁는 전국의 군사들을 모아 송나라 군대와 상포象浦에서 결전을 치렀다. 임읍은 코끼리 군대를 배치하였는데 철갑을 등에 두른 코끼리 군대는 그 기세가 등등하였다.

송나라 군사들은 이와 같은 진형을 난생 처음 보는지라 놀라 허둥대며 어찌할 바를 몰랐다. 종각은 군사들에게 명하여 여러 개의 사자 모형을 만들었고 이로써 코끼리 군대에 맞섰다. 역시 그의 예상대로 코끼리는 놀라 달아났고 송나라 군대는 이 승세를 몰아 임읍을 쳐부수고 셀 수 없이 많은 보물들을 차지하였다. 그러나 종각은 이를 조금도 탐하지 않았으며 문제는 이런 그의 사람됨을 무척 마음에 들어하였다.

훗날 종각은 진무장군鎭武將軍과 좌위장군左衛將軍에 임명되었으며 예주자사豫州刺史의 자리까지 올라 조양후洮陽侯에 봉해졌다.

갈고리를 훔친 자는 처형을 당하고
나라를 훔친 자는 제후가 되다

竊鉤者誅 竊國者爲諸侯(절구자주 절국자위제후)

돈이 되지 않는 물건을 훔친 좀도둑들은 체포되어 처형을 당하고 나라를 훔친 거물급 도둑은 도리어 제후가 되었다. 이러한 나라에도 인의가 있으니 이는 인의와 성지를 함께 훔친 것이 아니냐?

춘추시대 제齊 상공襄公에게는 아들이 없었다. 그에게는 이복형제 규糾와 소백小白이 있을 뿐이었다. 제 상공은 포악하고 어리석었다. 그리하여 규와 소백은 그와의 분란을 피해 각각 노魯나라와 거국莒國으로 향하였다.

기원전 685년 제 상공이 공손무지公孫無知에게 죽임을 당하고 대신들은 몰래 사람을 보내어 두 왕자가 제나라로 돌아와 즉위하도록 하였다. 이에 노魯 장공莊公은 규에게 군사를 붙여 그가 제나라로 무사

3장. 흐르는 물에는 자신을 비춰 보지 못한다

히 돌아갈 수 있도록 호위하게 하였고 거국도 마찬가지로 소백의 귀국을 도왔다. 그러나 소백은 옷을 갈아입더니 다른 마차를 타고 출발하였다. 소백이 지름길을 이용해 서둘러 제나라의 수도 임치臨淄에 도착하였을 때 규는 여전히 오리무중이었다. 포숙아鮑叔牙의 설득으로 제나라 대신들은 모두 소백의 즉위에 동의하였고 이로써 소백은 왕위에 올라 제齊 환공桓公이 되었다.

제 환공은 왕위를 계승한 뒤 곧 군대를 움직여 규의 귀국을 도왔던 노나라를 공격해 노 장공을 대패시키고 승세를 몰아 노나라 한양漢陽을 점령하였다. 그 후 제나라는 노 장공에게 규를 죽이고 관중管仲을 내놓으라며 군사적인 압력을 행사하였다. 이에 노 장공은 어쩔 수 없이 규를 죽이도록 명하였고 관중을 잡아다 제나라로 보냈다. 그런데 뜻밖에도 관중은 제나라에 도착하여 포숙아의 추천을 받아 제나라의 재상이 되었다.

장자는 이러한 역사가 바로 갈고리를 훔친 자는 처형을 당하고, 나라를 훔친 자는 제후가 된 전형적인 예라 하였다. 그리곤 이를 평가하며 말하기를 "제 환공 소백은 형을 죽여 군주가 되었음에도 관중 같은 현인은 그의 대신이 되었구나."라고 하였다.

─────── 지혜가 꼬리를 무는 역사 이야기 ───────

1765년 버마Burma(미얀마의 옛 이름)인은 다시 한 번 사이암siam(태국의 옛 이름)을 침략하였다. 2년에 걸친 혈투 끝에 사이암의 수도 아유타야Ayutthaya가 함락되었다. 이 침략 전쟁으로 버마인은 불교에 관한 아유타야의 모든 그림과 조각품 그리고 사원을 때려 부쉈지만 이곳에 나라를 세우지는 못하였다.

정소鄭昭(탁신Taksin)는 버마인을 몰아내고 정권을 장악하여 톤부리에 수도를 세우며 톤부리 왕조를 건설하였다. 정소는 중국계 혈통으로 그의 조상은 중국 광동성廣東省 징해현澄海縣 사람이었다. 그리하여 그는 버마 점령군을 몰아내고 그 즉시 베이징北京으로 사절을 보냈다. 당시의 청淸나라 정부에게 자신을 봉해줄 것을 요청하려던 것이다. 그러나 사절이 베이징으로 향하는 도중에 정소가 가장 신임하던 부하 차크리Chakri가 정변을 일으켰다. 차크리는 정소가 자신을 붓다Buddha라 착각하며 산다는 것을 이유로 그를 포대에 싸서 때려 죽였다. 그곳의 전통에 따르면 황족의 피가 땅에 묻어서는 안 되었기 때문이다.

차크리는 정권을 쟁탈한 뒤 청나라 정부가 정소의 죽음에 격한 반응을 보일까 내심 두려워하였다. 그리하여 그는 정화鄭華라 개명하고 줄곧 자신이 정소의 아들이라 말하고 다녔으며 1786년 베이징에 사절을 보내 자신이 왕위를 계승한 것에 대한 합법성을 설명하였다. 얼마 후 청나라 정부는 그를 사이암의 왕으로 봉하였고 이로써 정화는 완벽하게 나라를 훔쳐 제후가 되었다.

3장. 흐르는 물에는 자신을 비춰 보지 못한다

흐르는 물에는
자신을 비춰 보지 못한다

人莫鑒於流水(인막감어유수)

사람은 흐르는 물에는 자신을 비추어 볼 수 없으나 멈춰 있는 물에는 자신을 비추어 볼 수 있으니 멈춰 있는 것만이 수많은 만물들을 멈춰 서게 할 수 있다. 똑같이 땅에서 생명을 얻은 나무라 할지라도 소나무와 잣나무만이 그 특유의 본성으로 여름철이나 겨울철이나 늘 푸를 수 있으며 똑같이 하늘의 제왕으로 났다 할지라도 요, 순임금만이 성정을 타고나 만물의 제왕이 될 수 있었던 것이다. 다행인 것은 자신의 본성으로 다른 사람들의 본성을 바로잡을 수 있다는 것이다.

―――――――――――――

노나라에 발 한쪽이 잘린 왕태王太라는 사람이 있었다. 그에게는 공자만큼이나 많은 제자가 있었다. 상계常季가 공자에게 물었다. "왕태는 그저 자신을 수양하는데 능하여 자신의 지혜로 지적 수준을 높이고, 자신의 지적 수준을 이용해 천하의 도에 부합하는 마음을 깨달은 것뿐입니다. 그런데 어째서 많은 사람들이 그의 주위에 몰려드는 겁니까?" 공자가 말했다. "사람은 흐르는 물에 자신을 비추어 볼 수 없는 법이다. 즉, 멈춰 있는 물에만 자신을 비추어 볼 수가 있는 것이지. 멈춰 있는 것만이 수많은 만물들을 멈춰 서게 할 수 있느니라. 똑같이 땅에서 생명을 얻은 나무라 할지라도 소나무와 잣나무만이 그 특유의 본성으로 여름철이나 겨울철이나 늘 푸를 수 있으며 똑같이 하늘의 제왕으로 났다 할지라도 요·순임금만이 성정을 타고나 만물의 제왕이 될 수 있었던 것이다. 다행인 것은 자신의 본성으로 다른 사람들의 본성을 바로잡을 수 있다는 것이다. 그리고 이처럼 타고난 천성을 지키고 있는 증거는 바로 아무것도 두려워하지 않는 용기에서 볼 수 있다. 용감한 무사는 혼자라도 천군만마 속으로 대질러 들어갈 수 있지. 장수가 공명을 얻으려면 이같이 삶과 죽음의 관두를 뛰어넘을 수 있거늘 하물며 천지를 주재하고 만물을 품 안에 품으며 사지육신을 잠시 쉬었다가는 곳으로 여기고 이목은 있어도 그만 없어도 그만인 허수아비로 생각하며 사람들의 모든 인식을 하나로 순화시켜 평상심을 유지하는 사람이라면 어떠하겠느냐! 이렇게 속세를 초월한 사람이기 때문에 많은 사람들이 그를 따르고자 하는 것이니라."

어느 해인가 발해국渤海國의 재상이 세상을 떠나자 국왕은 두 명의 우수한 젊은 대신 중에서 새로운 재상을 뽑고자 하였다. 국왕은 그두 사람을 궁에 머물도록 하고 각자에게 사람을 보내 "축하드립니다. 국왕께서 내일 대신을 재상으로 임명하신답니다."라고 전하였다. 그리고는 그들을 각자의 방에 돌려보내 잠을 자도록 하고는 신하를 그옆방으로 보내 두 사람의 동정을 살피도록 하였다.

두 대신 중 한 명은 내일이면 재상이 된다는 생각에 너무 흥분한나머지 밤새도록 잠을 이루지 못하였다. 그러나 다른 한 명은 침실에들어간 지 얼마 지나지 않아 조용히 잠이 들었고 가끔씩 코고는 소리가 들려왔다. 그는 다음날 하인이 깨우러 갔을 때까지 푹 잠을 청했다. 그리고 이튿날 잠을 설치던 대신은 낙선되고 코를 골며 잠을 자던 대신이 재상으로 임명되었다.

국왕은 말했다. "재상이 된다는 소리에 흥분하여 잠을 청하지못하는 것을 보니 첫 번째 사람은 일이 생기면 마음에 담아두고 전전긍긍하겠구나. 재상이 되려면 배포가 있어야 하는 법. 두 번째 사람은일을 접어둘 줄도 아는 사람이니 그가 바로 재상이 될 그릇이다."

'흐르는 물을 거울삼지 않고 멈춰있는 물을 거울삼는다'는 말처럼 결국 온갖 잡념들과 터무니없는 마음을 없애고 멈춰 있는 물처럼감정을 다스릴 줄 알았던 사람이 선택된 것이다.

처음
시작하는
장자

학문을
이용하여
악행을
하다

인의와 시비의 기준을 아는가

仁義之端 是非之途(인의지단 시비지도)

내가 보기에 인과 의를 가리고 옳고 그름을 판단하는 데에는 이렇다 할 기준이 없거늘 내 어찌 그것들 사이의 차이를 알겠느냐!

───────────────

요임금 시대 현인 교결嚙缺이 그의 스승 왕예王倪에게 물었다. "스승님께서는 만물에 공통으로 적용되는 옳고 그름의 기준을 아십니까?" "내가 어찌 알겠느냐." "그럼 스승님께서는 자신의 무지함을 알고 계시겠지요?" "내가 어찌 아느냐." "스승님께서 무지하다고 만물 역시 무지하겠습니까?" "그럼 네가 먼저 나에게 다음 세 가지 문제에 답을 알려 주거라. 사람은 습한 곳에서 잠을 자면 요통을 얻고 심지어 반신불수가 되기도 한다. 그런데 미꾸라지도 이러하느냐? 사람은 높은 나무에 올라가면 떨어질까 무서워 몸을 부들부들 떠는데 원숭이도 이러하느냐? 이 세 가지 경우 중에서 누구의 취침 방법을 공통의 기준으로 삼을 수 있겠느냐? 사람은 가축을 먹고 노루는 풀을 뜯어 먹고 산다. 또 지네는 뱀을 가장 좋아하며 부엉이와 까마귀는 쥐를 잡아먹는다. 이 다섯 가지 경우 중에 누구의 입맛을 공통의 기준으로 삼을 수 있겠느냐? 원숭이는 원숭이와, 노루는 노루와, 미꾸라지는 미꾸라지와 짝을 맺는다. 모장毛嬙과 서시를 본 사람들은 모두 그들을 좋아하지. 허나 물고기가 이들을 보면 깊은 물속으로 숨어버리고 새들이 이들을 보면 멀리 날아가 버리며 노루가 이들을 보면 거름아 나 살려라 도망가 버리는데 이들 중에 누구의 안목을 공통의 기준으로 삼을 수 있겠느냐? 이 문제들에 답해 보거라. 공통된 기준이란 말이다, 사회적인 측면에서 보면 인의仁義가 바로 옳고 그름의 공통된 기준이지만 개인적인 측면에서 보면 인은 무엇이고 인이 아닌 것은 무엇인지, 또 의는 무엇이고 의가 아닌 것은 무엇인지 사람마다 각자의 견해가 다른 것이니라.”

교결이 말했다. “스승님께서 이해관계를 모르신다고 성인도 이해관계를 모르겠습니까?” “성인들은 참으로 신기하단다. 그들은 기온이 높아져 숲을 태울 정도가 되어도 덥다고 느끼지 않고 반대로 기온이 떨어져 온 강물을 꽁꽁 얼게 만들어도 춥다고 느끼지 않으며 천둥이 쳐서 산사태가 나고 폭풍이 불어 파도가 일어도 눈 하나 꿈쩍하지 않지. 이러한 성인들은 구름을 타고 또 바람을 타고 해에도 올랐다가 달에도 올랐다가 하며 인간 세상 밖을 노닌다. 삶과 죽음은 인간들에게만 있는 문제일 뿐 그들에겐 아무런 문제도 되지 않는다. 인류의 이해관계에 대해선 말이다, 아마도 그들이 한 번도 생각해보지 않은 문제이지 싶구나."

─────── 지혜가 꼬리를 무는 역사 이야기 ───────

한 부자가 큰 집을 한 채 지었다. 그는 가난하고 쉴 곳 없는 자들이 처마 밑에서 잠시 쉬었다 갈 수 있도록 하기 위해서 집을 짓는 이에게 지붕의 처마를 동서남북으로 모두 길게 만들어 달라고 요청하였다.

집이 완공되자 가난한 많은 사람들이 처마 밑으로 모여들었고 심지어 어떤 이들은 이곳에 노점을 벌이기도 하였다. 그리하여 떠들썩한 소리가 끊이질 않았고 이를 못마땅하게 여긴 집안사람들과 처마 밑의 가난한 사람 간의 다툼 또한 끊이지 않았다.

어느 겨울날 거지 한 명이 처마 밑에서 얼어 죽는 일이 발생하였다. 그러자 많은 사람들은 부자가 다른 여러 사람들을 위해 특별히 처마를 길게 지었다는 사실은 까맣게 잊고 도리어 부자가 몰인정하다며 비난하였다. 비난의 소리를 들은 부자는 정말 다 각자 좋을 대로 생각하기 나름이란 말이 절실히 마음에 와 닿았고 심지어 선행을 그만둘까하는 생각이 들기도 하였다. 그러나 한 노인이 그를 찾아와 해준 말에 그는 불현듯 무엇인가를 깨달았다.

지붕을 개조할 때 부자는 처마를 짧게 만들어 달라고 하였다. 그리고는 남은 돈으로 작은 집을 따로 하나 지었다. 집 없이 떠돌아다니는 많은 사람들은 이곳에서 잠시나마 안정을 찾을 수 있었다.

몇 년 뒤 부자는 가장 환영받는 인물이 되었다. 그가 세상을 떠난 후에도 여전히 많은 이들은 그가 베푼 은택을 누리며 그를 기렸다.

해가 뜨면 일하고
해가 지면 쉬다

日出而作 日入而息(일출이작 일입이식)

나는 이 넓은 우주에 살면서 겨울에는 털옷을 입고 여름에는 갈포 옷을 입고 지낸다. 아직 봄에 땅을 일궈 씨를 뿌려 먹고 살 만큼 건강하고 가을에 거둬들이는 곡식으로 끼니를 걱정할 필요도 없다. 해가 뜨면 나가 일하고 해가 지면 집에 돌아와 쉬고 이렇게 유유자적하며 즐겁게 살고 있다.

순임금이 선권善卷에게 천하를 물려주려 하자 선권이 말하였다. "저는 이 넓은 우주에 살면서 겨울에는 털옷을 입고 여름에는 갈포 옷을 입고 지냅니다. 아직 봄에 땅을 일궈 씨를 뿌려 먹고 살 만큼 건강하고 가을에 거둬들이는 곡식으로 끼니를 걱정할 필요도 없습니다. 해가 뜨면 나가 일하고 해가 지면 집으로 돌아와 쉬고 이렇게 유유자적하며 즐겁게 살고 있는데 제가 군이 천하를 다스릴 이유가 뭐가 있

겠습니까? 당신이 나를 이리 모르고 있다니 참으로 슬픈 일이군요!"

선권은 순임금의 제의를 거절했을 뿐만 아니라 순임금을 떠나 산으로 들어갔다. 그리고 그 후 그의 행방을 아는 사람은 아무도 없었다.

순임금은 다시 석호石戶에서 농사를 지으며 살아가는 자신의 벗에게 천하를 물려주고자 하였다. 그러자 친구는 말했다. "무던히 애를 쓰시는 구려. 국왕의 사람됨이란 부지런함을 유지하는 것인가 보오!" 순임금의 덕이 지긋하지 못하다고 여긴 그는 짐을 싸들고 아이들과 함께 섬으로 들어가 다시는 돌아오지 않았다.

—————— **지혜가 꼬리를 무는 역사 이야기** ——————

제갈량諸葛亮은 181년 낭야군琅琊郡 양도陽都에서 태어났다. 아홉 살 때 어머니 장씨章氏를 여의고 열두 살 때 아버지 제갈규諸葛圭와도 사별한 후에 제갈량은 숙부 제갈현諸葛玄의 손에서 자랐다. 197년 숙부가 세상을 떠나자 제갈량은 동생 제갈균諸葛均과 함께 호북湖北 남양군南陽郡으로 거처를 옮겨 해가 뜨면 나와 일하고 해가 지면 들어가 쉬며 지냈다.

제갈량은 직접 농사를 지으며 은거 생활을 하고 살았지만 가슴에는 큰 뜻을 품고 있었다. 출세를 바라지 않고 어지러운 한 세상 그럭저럭 목숨 부지하며 살겠다며 공공연히 말하고 다녔으나 사실은 자신이 관중과 악의樂毅에 필적한다고 자인할 만큼 큰 뜻을 품고 있었던 것이다.

제갈량은 사마휘司馬徽·방덕공龐德公 등과 같이 훌륭한 스승에게서 가르침을 받았고 황승언黃承彦의 딸을 아내로 맞이하였다. 서서徐庶·최주평崔州平·맹공위孟公威·석광원石廣元 등과 함께 유학을 하기도 하였다. 그는 자신의 절친한 벗인 석도石韜와 서서 그리고 맹건孟建에게 이런 말을 한 적이 있었다. "자네들이라면 장관이나 군수급의 관직에 오를 수 있을 게야." 그러자 세 사람이 제갈량에게 그럼 본인은 어느 관직까지 오를 수 있을 것 같으냐고 되물었다. 이에 제갈량은 그저 웃기만 할 뿐 아무런 대답도 하지 않았다. 장관이나 군수와 같은 관직은 제갈량의 눈에 차지 않았을 뿐더러 그렇다고 남에게 자신의 포부를 알리기란 더욱 쉽지 않은 일이었기 때문이었다.

207년 서서는 신야에 주둔하고 있던 유비劉備를 만나러 갔다. 유비의 두터운 신임을 받고 있던 서서는 유비에게 제갈량을 추천하였다. 처음에 유비는 대수롭지 않다는 듯 말했다. "그럼 자네가 한 번 데려와 보게." 그러자 서서가 이렇게 대답하였다. "장군님께서 직접 가셔야만 만날 수 있을 것입니다." 이에 유비는 제갈량의 누추한 초가집을 세 번이나 찾아가고 그 결과 제갈량은 유비에게 '천하삼분지계天下三分之計'를 역설하였다. 그리고 그 후 얼마 지나지 않아 제갈량은 유비의 책사가 되었다.

세월이
빠르게 지나가다

若白駒之過隙(약백구지과극)

인간이 이 세상에서 사는 시간은 마치 준마가 작은 틈을 질주하여 지나가 듯 짧아서 눈 깜짝할 사이에 과거가 된다. 자라나는 것은 모두 자라나고 사라지는 것은 모두 사라진다.

　공자가 서른에서 마흔 안팎 즈음일 때 그는 낙양으로가 처음으로 노자를 만났다. 당시 노자는 주周 왕조의 수관사守館史로 매우 바쁜 나날을 보내고 있었다. 공자는 노자를 만난 후 그에게 유가의 인의학설에 대한 이야기를 쏟아내었다. 그러나 공자는 노자와의 대화에서 난관에 부딪치고 말았다. 노자를 만나고 역관으로 돌아온 공자는 한참을 반성하고야 자신이 아직 부족함을 깨달았다.

　그리하여 공자는 다시 한 번 노자를 찾아가 도에 대해 물었다.

"오늘은 한가하시니 도의 경지란 무엇인지 말씀해 주십시오."

노자가 말했다. "제계를 하여 마음을 깨끗이 하고 정신을 맑게 씻어내며 소위 당신의 재간이라 하는 것을 없애야 합니다. 그래야 비로소 도를 닦을 수가 있지요. 도는 참으로 심오한 것이라 어디서부터 이야기를 해야 할지 모르겠군요. 그저 윤곽만을 이야기해 들일 수밖에 없겠군요."

노자는 도의 본질에 대해 이런저런 이야기를 하고는 감개하며 말했다. "인간이 이 세상에서 사는 시간은 마치 준마가 작은 틈을 질주하여 지나가듯 짧아 눈 깜짝할 사이에 과거가 되지요. 자라나는 것은 모두 자라나고 사라지는 것은 모두 사라지고 없으니 삶은 다시 변하여 죽음이 됩니다. 생물은 동종의 죽음을 슬퍼하고 사람은 혈육의 죽음에 가슴 아파하지요. 허나 자연의 속박에서 벗어나 영혼이 하늘 끝으로 향하고 육체가 땅에 묻힐 때야말로 자신이 속해있어야 할 곳으로 돌아갔다고 할 수 있습니다."

─────────── **지혜가 꼬리를 무는 역사 이야기** ───────────

북송北宋의 대문호 소순蘇洵의 자는 명윤明允이요, 호는 노천老泉이다. 그는 사천四川 미주眉州의 미산眉山 사람이다.

젊은 시절 소순은 책 읽기보다는 놀기를 좋아하는 젊은이였다. 그러나 그의 아버지 소서蘇序는 만물이 성장하는 데는 다 각자의 때가 있어 자랄 나무는 때가 되면 자연스럽게 가지를 뻗고 꽃을 피우고 열매를 맺으니 이에 급하게 서두르면 오히려 해가 될 것이라 생각하며 조바심을 내지도 간섭을 하지도 않았다.

어려서부터 큰 그릇이 되지 못했던 소순은 스물일곱 살이 되어 아들이 생기자 불현듯 세월의 빠름을 실감하며 열심히 공부하는 것만이 인생에서의 보람을 찾는 일이라는 것을 깨달았다. 비록 그 시작은 늦었지만 소순은 정말로 열심히 공부에 임했다. 소식蘇軾은 훗날 아버지와 함께 공부를 하던 어린 시절을 회상하며 자신이 아버지의 영향을 많이 받았음을 이야기하기도 하였다.

얼마 후 소순은 진사 과거 시험에 응시하지만 합격하지 못했다. 그는 시험에서 낙방한 후 양자강과 회수 일대를 돌아 다녔다. 집으로 돌아온 후 그는 그동안 시험 준비를 하면서 썼던 수백 편의 문장들을 모두 불태우고는 문을 걸어 잠그고 공부에만 전념하였다. 그리하여 그는 드디어 6경六經을 정통하여 눈 깜짝할 사이에 천자의 글을 써낼 수 있게 되었다.

송나라 인종仁宗 때 소순은 아들 소식과 소철蘇轍을 데리고 천리 길을 걸어 수도 개봉開封으로 왔다. 그는 당시의 한림학사 구양수歐陽修의 눈에 들게 되었다. 구양수는 그의 문장 스물두 편을 조정에 추천하였고 그의 문장은 높은 평가를 받았다. 삼공구경三公九卿 대부들은 그의 글을 외우기 바빴고 이로써 소순은 문명을 날리게 되었다. 재상 한기韓琦는 소순의 문장을 보고 황제에게 사인원舍人院 시험에 참가하여 합격시켜야 한다고 상주하였으며 훗날 그를 비서성秘書省의 교서랑校書郎으로 임명하였다.

백성들은 소박하여 욕심이 없다

少私寡欲(소사과욕)

남월에는 건덕이라는 고을이 있으니 그곳의 백성들은 우매하나 소박하여 사심이 없고 욕심도 많지 않다. 그들은 일할 줄만 알았지 개인이 물건을 소장할 줄은 모르며 남에게 무엇을 주고도 대가를 바라지 않는다. 그들은 어떠한 것에도 얽매이지 않고 하고 싶은 대로 즐겁게 살다가 평온하게 세상을 떠난다.

———

시남의료市南宜僚가 노나라 제후를 찾아뵈었다. 노나라 제후는 얼굴에 근심스런 빛을 띠며 시남의료에게 말했다. "나는 선왕의 도를 배우고 선군의 업을 따라 나라를 다스리기 위해 온힘을 다하고 있다. 나는 단 한 번도 선왕의 도나 선군의 업에 위배되는 일을 한 적이 없다. 그러나 여전히 화를 면치 못하고 있으니 참으로 걱정이구나." 시남의료는 말했다. "얕은 방법으로는 화를 피할 수 없는 법이지요. 풍성한 모피를 가진 여우와 아름다운 무늬를 가진 표범은 깊은 숲 속의 바위 동굴에서 조용히 숨어 지냅니다. 밤에 주로 활동을 하고 낮에는 굴속에 들어앉아 주변을 경계하지요. 또한 이들은 배가 고프더라도 앞뒤를 먼저 살피고 조심조심 강가로 나와 먹을 것을 구합니다. 그러나 이들은 그럼에도 불구하고 올가미를 피하지 못하고 덫에 걸려드니 그들에게 무슨 잘못이 있겠습니까? 그저 아름다운 가죽이 불러온 재난이지요. 지금 임금께 노나라는 바로 그 가죽과 같은 것이 아니겠습니까?"

왕이 자신의 말을 잘 이해하지 못하자 시남의료는 덧붙여 말했다. "남월南越에는 건덕建德이라는 고을이 있습니다. 그곳의 백성들은 우매하나 소박하여 사심이 없고 욕심도 많지 않습니다. 그들은 일 할 줄만 알았지 개인이 물건을 소장할 줄은 모르며 남에게 무엇을 주고도 대가를 바라지 않지요. 그들은 어떠한 것에도 얽매이지 않고 하고 싶은 대로 즐겁게 살다가 평온하게 세상을 떠납니다." 그러자 노나라 제후는 난처해하며 말했다. "그곳은 강산에 가로막혀 멀고 험한데 내가 어떻게 하면 갈 수 있겠느냐?" 시남의료는 말했다. "그곳에 가실 필요는 없습니다. 임금께서 왕위를 빌어 다른 사람들을 무시하지 않고 편안한 생활에만 연연하지 않으신다면 아주 쉽게 도의 길로 접어드실 수 있습니다."

당나라 시대 당 태종은 노역을 모집하여 낙양궁의 간원전干元殿을 건설하도록 명하였다. 이로써 간원전을 낙양 순시의 행궁으로 삼고자 하였던 것이다. 이에 대해 장현소張玄素는 간원전을 세우는 것은 타당하지 않은 일이라며 구구절절하게 상소를 올렸다.

장현소는 상소에서 "아방궁阿房宮을 건설하고 진나라가 망하였고 장화대章華臺를 부설하고 초나라가 망하였으며 간원전을 세우고 수나라가 무너졌습니다. 이는 모두 역사가 주는 교훈이지요. 현재 우리 당나라에는 간원전을 건설하는 일 외에도 해결해야할 일들이 많이 있습니다. 재력이나 인력에서 모두 수나라보다 못한 상황에서 폐하께서는 사심을 버리고 욕심을 줄여야 하시거늘 도리어 전란으로 고통 받고 있는 백성들을 계속해서 부리고 억만금을 낭비하여 토목 공사를 진행하시다니요. 폐하께선 지금 과거 왕조의 장점을 계승하신 것이 아니라 폐단을 이어가고 계십니다. 이러한 점으로 미루어 보았을 때 폐하의 잘못은 수隋 양제煬帝보다 더 크다 할 수 있습니다."라고 하였다.

장현소는 당 태종을 우매한 수 양제와 비교하여 여러 문무 대신들을 걱정시켰다. 그러나 뜻밖에도 당 태종은 장현소를 불러들여 그에게 물었다. "내가 수 양제만 못하다? 그럼 하왕夏王 걸桀과 상왕商王 주紂와 비교해선 어떠냐?" 장현소는 말했다. "만약 뤄양궁의 건설을 중단하지 않으신다면 그들처럼 전란을 만나시게 될 것입니다."

당 태종은 이 대답을 듣고 화를 내기는커녕 그를 칭찬하며 상으로 오백 필의 비단을 하사하고 간원전 건설 명령을 철회하였다.

맨발로 바다를 건너고
맨손으로 황하를 파서 길을 낸다

涉海鑿河(섭해착하)

그것은 마음의 지혜를 이용하여 사람을 속이는 것이다. 그런 방법으로 천하를 다스린다면 바다 밑에 강을 만들고 모기 등에 산을 짊어지우겠다는 것과 같다. 성인이 천하를 다스리는데 설마 남을 지배하는 데에만 신경을 쓰겠는가? 먼저 자신을 바로 세우고 난 후에야 다른 사람을 교화할 수 있다. 그리고 여기서 말하는 교화란 사람들로 하여금 자신이 확실히 할 수 있는 일을 하게 하는 것이다.

―――――――――

견오肩吾는 '도道'를 배우기 위해 미치광이 접여를 찾아간 적이 있었다. 그는 신선이 어떻게 구름을 타고 하늘에 오르는지를 이야기하는 접여의 말을 듣고 조금은 황당하다는 생각이 들었다.

도를 배우는데 싫증이 난 견오는 일중시日仲始를 찾아가 그의 밑에서 정치를 배우기 시작했다. 그러나 견오는 정치를 배우는 데도 싫증을 느끼고 다시 접여를 찾아갔다.

접여가 물었다. "일중시가 무엇을 가르쳐 주던가요?" 견오는 말했다. "어떻게 백성들을 다스리는지 가르쳐 주셨습니다. 한마디로 통치자는 법과 기율을 준수하여 사람들에게 본보기가 되어야 한다는 것이었습니다. 그래야만 백성들이 성실하게 그를 보고 배운다는 것이었지요." 접여가 말했다. "그것은 마음의 지혜를 이용하여 사람을 속이는 것입니다. 그런 방법으로 천하를 다스린다면 바다 밑에 강을 만들수 있고, 모기 등에 산을 짊어지울 수도 있다 말하는 것과 다를 바가 없습니다. 두 분께서는 천하를 다스리는 일을 규칙, 규율, 법 등으로 백성을 지배하는 외재적 행위로 생각하고 계시는군요. 그러나 성인이 천하를 다스리는데 설마 남을 지배하는 데에만 신경을 쓰겠습니까? 먼저 자신을 바로 세우고 난 후에야 다른 사람을 교화할 수 있습니다. 그리고 여기서 말하는 교화란 사람들로 하여금 자신이 확실히 할 수 있는 일을 하게 하는 것일 뿐이지요. 법과 규율을 어기면 화를 입을 수 있다는 것쯤은 백성들 스스로도 잘 알고 있으니 두 분께서 애써 일깨워 주실 필요가 없습니다. 작은 새도 화살을 피해 높은 곳으로 날아 갈줄 알고, 쥐새끼도 부뚜막 밑에 깊은 구멍을 파서 연기에 그을리거나 사람들에게 들킬 위험을 피해갈 줄 압니다. 그러니 당신들은 새나 쥐보다도 무지한 것이 아니겠습니까!"

약 256년 전진前秦 소왕昭王은 이빙李冰을 촉군군수蜀郡郡守로 임명하였다. 이빙은 촉군에 도착한 후 직접 민강岷江의 범람으로 인한 심각한 피해 상황을 목격한 후 막중한 책임을 느꼈다.

그는 파촉巴蜀을 진정한 진나라의 전략적 후방으로 삼기 위해서는 무엇보다도 민강의 수해 문제를 근절하고 수로를 넓혀야 한다는 것을 알고 있었다. 그리하여 그는 군수로 임명되고 얼마 지나지 않아 그의 아들인 이랑二郎과 함께 강을 따라 현지 조사를 실시하였다. 그는 현지 조사를 통해 물의 상황과 지세 등을 알아보고 민강의 치수 계획을 마련하였다. 그들은 곧이어 수로와 댐을 건설하여 물을 끌어들임으로써 도강언都江堰(중국 최초의 대형 수리시설) 등과 같이 불가능해 보였던 공사를 완성시켰다.

도강언은 분수언分水堰과 비사언飛沙堰 그리고 보병구宝瓶口의 주요 공정으로 이루어진 대규모의 방죽으로 홍수 방지와 관개, 항행을 모두 해결하여 세계에서도 보기드문 기적을 일구어 냈다. 이 공정들은 이천여 년 동안 민강의 범람을 막는데 톡톡한 역할을 하였을 뿐 아니라 내강內江의 물로 십여 개에 달하는 현縣에 삼백여만 묘에 달하는 면적에 물을 대 주어 농사에도 큰 도움을 주었다. 이때부터 성도 평원成都平原은 비옥한 평야를 가진 풍요로운 땅이 되어 '천부지국天府之國(토지가 비옥하고 천연자원이 풍부한 나라)'이라는 이름을 얻었다.

학문을 이용하여
악행을 하다

詩書發冢(시서발총)

유사는 시경과 예기를 이용하여 도굴을 하였다. 대유사가 말하기를 "곧 해가 떠오르겠구나. 일이 어떻게 되어가고 있느냐?"라고 하였다.

대유사大儒士는 자신의 제자 소유사小儒士를 데리고 교외로 도굴을 하러갔다. 묘혈을 찾아낸 두 사람은 본격적으로 도굴을 시작하였다. 소유사는 대유사의 지시 아래 하룻밤을 꼬박 노력하여 비로소 무덤을 파낼 수 있었다. 그들이 관을 열어 시구를 보리밭 근처로 옮겼을 때 막 동이 트려하였다. 그러자 높은 곳에서 망을 보고 있던 대유사는 행여 다른 사람들에게 발각될까 걱정이 되었다. 그래서 그는 훈시하듯 큰 소리로 말했다. "곧 해가 떠오르겠구나. 묘지는 농부가 오는 것을 가장 두려워하니 서둘러야겠다. 지금 일이 어찌 되어가고 있느

냐?" 이제 막 시구의 겉옷을 벗긴 소유사는 급히 허리를 곧추세우고 보고하듯 말했다. "치마와 저고리는 벗겼으나 아직 속바지를 벗겨야 합니다. 양 볼이 불룩한 것이 큰 보석을 물고 있는 것이 분명합니다." 대유사는 큰 보석을 물고 있을 거라는 소리를 듣고는 너무나도 기뻐 하였다. 그는 『시경詩經』 중에 죽은 사람의 입에 보석을 물린다는 내용 을 생각해내고는 소유사에게 말했다. "언덕 위의 보리 싹이 푸르고 푸 르구나. 보리밭 근처에서 장사를 지내니 생전에 베풂에 인색하던 이, 죽어서 어찌 혼자 보석을 삼키겠는가?"

이렇게 서로 이야기를 주고받고 나니 두 사람은 새삼 용기가 샘 솟았다. 더 이상 죄책감도 들지 않았다. 그들은 서둘러 시구의 볼을 갈 라 그 틈으로 입안을 살펴 무사히 보석을 꺼내는 데 성공하였다.

지혜가 꼬리를 무는 역사 이야기

남송의 주희朱熹는 성리학의 대표적인 인물로 '천리天理를 보전 하고 사람의 욕망을 없애야 한다.'고 주장하였다. 주희는 도덕에 대한 요구가 무척이나 엄격하였지만 사람들에게 '현인도 잘못을 한다.'라 는 비꼼을 당하기도 하였다.

주희가 절동浙東 지역의 제거절동형옥提擧浙東刑獄을 지닐 때였 다. 그는 태주台州와 지주知州의 당중우唐仲友와 의견이 맞질 않자 그에 게 타격을 주어 보복을 하고 싶어 하였다. 주희는 당의 죄상을 알아내

4장. 학문을 이용하여 악행을 하다

기 위해 그를 모신 적이 있던 기녀 엄예嚴蕊를 감옥에 가두고 두 사람이 사적인 자리에서 조정을 비방한 적이 있음을 시인하라며 압력을 행사하였다. 엄예는 만신창이가 되도록 얻어맞으면서도 당중우와 관련된 이야기는 단 한 마디도 꺼내지 않았다. 주희는 그녀를 소흥紹興으로 귀향까지 보냈지만 그녀는 여전히 같은 태도였다.

그 후 주희는 심문하는 횟수를 늘리고 갖은 이유를 들어가며 그녀의 형벌을 가중시켰다. 그러나 엄예는 말했다. "사실이 이러한데 어찌 없는 사실을 멋대로 만들어내 사대부를 모함할 수 있겠습니까? 저는 죽어도 그렇게는 못합니다." 엄예는 모진 고문을 당하면서도 끝내 거짓 시인을 하지 않아 점점 그 명성이 자자해지기 시작했고 많은 풍아한 선비들의 동정을 얻었다.

이 일은 송宋 효종孝宗의 귀에까지 들어가게 되었다. 효종은 주희가 엄예의 일로 소란을 피우는 것은 당치 않다고 판단하고 주희를 전근 시켰다. 주희는 매우 언짢은 기분으로 태주를 떠났고 악상경岳商卿이 그의 임무를 인계받았다. 악상경은 엄예의 처지를 불쌍히 여겨 그녀를 무죄로 판결하고 옥에서 풀어주었다.

위험한 일로
여기다

視爲畏途(시위외도)

열 사람 중에 한 사람이 죽어나가는 위험한 길을 걷는다면 그 부모 형제는 서로에게 위험을 알려주고 반드시 많은 사람들을 거느리고서야 길을 나설 것이다. 이것이 현명한 방법이 아니겠는가?

주周 위공威公은 주나라의 개국공신 주공周公의 후예로 성은 희姬요, 이름은 조竈이다. 그는 양생하는 법을 배우고자 전개지田開之를 찾아가 물었다. "축신祝腎이라는 분과 친분이 있으시다 들었습니다. 그가 양생에 대해서 뭐라 말하였는지 좀 알려주십시오." 전개지는 말했다. "저는 그저 스승님의 문하에서 뜰을 청소했을 뿐입니다. 이런 제가 들은 게 뭐있겠습니까?" 주 위공은 말했다. "너무 겸손하시군요. 그러지 마시고 말씀해 주시지요. 정말 듣고 싶습니다." "스승님께서

말씀하시길 양생을 잘하는 자는 목동처럼 무리에서 뒤처지는 놈에게 채찍질을 한다하셨습니다." "그게 무슨 뜻입니까?" "함께 나아가기 위함이 아니겠습니까? 노나라에 선표單豹라는 은사가 있었습니다. 그는 집이 가난하여 바위굴에서 살면서 맹물을 마시면서도 겸양의 덕을 중요시 여겨 남과 이익을 다투지 않았습니다. 선표는 양생을 중시하여 일흔이 다 되었어도 조금도 늙어 보이지 않았습니다. 그의 낯빛은 마치 갓난아이처럼 불그스레하였지요. 그에게 산을 내려가 좀 더 살기 좋은 곳에서 살라 권하여도 그는 듣지 않았습니다. 그러던 어느 날 산골짜기에서 물을 마시다 굶주린 호랑이에게 잡아먹히고 말았지요. 또 장의張毅라는 명사가 있었는데 그는 사람을 사귀느라 매일을 바쁘게 지냈습니다. 길을 걷다가 사람들을 만나면 그는 지위가 높은 사람이든 낮은 사람이든 꼭 인사를 건네고 예를 차렸지요. 너무 피곤하게 살지 말라고 말해도 그는 여러 계층의 사람들과 사귀는 것이 양생에 도움이 된다고 말하였습니다. 하루는 아홉 집에서 연회가 열려 이집 저집을 바삐 돌아다니다 한곳에 참석하지를 못하였습니다. 그는 초조함에 마음이 타들어갔지요. 결국 그는 병이 나서 죽고 말았습니다. 겨우 사십 년을 살다 세상을 떠났지요."

공자는 이에 대해 말하길 "지나치게 안으로 숨지도 밖으로 드러내지도 말고 마른나무처럼 중도를 지켜야 한다. 이렇게 한다면 자연히 명성을 얻게 될 것이다. 지나가는 열 사람 중에 한 사람이 죽어나가는 위험한 길을 걷는다면 그 부모형제는 서로에게 위험을 알려주고 반드시 많은 사람들을 거느리고서야 길을 나설 것이다. 이것이 현명한 방법이 아니겠는가? 사람은 먹고 자는 일을 소홀히 하여 스스로 화를 자초하고 있거늘 정작 이에는 주의를 기울이지 않으니 그야말로 큰 잘못이다."라고 하였다.

지혜가 꼬리를 무는 역사 이야기

전국시대 각국에는 많은 세가대족世家大族이 있었다. 세금을 징수하는 일은 항상 권세를 가진 사람들의 기분을 상하게 했다. 그리하여 많은 벼슬아치들은 각종 세금을 관리하는 일을 가장 위험한 일로 여겼다.

조나라의 조사趙奢는 국세를 관리하는 관직을 맡은 후 청렴하고 공정하게 일을 처리하였다. 일반 백성이든 고관대작이든 모두 법에 따라 세금을 부가하였다. 세금 징수 기간 즈음의 어느 날 조사는 부하들을 데리고 평원군平原君의 집을 찾아 세금 납부를 요구하였다. 그런데 평원군의 집사를 비롯한 아랫사람들은 이에 신경도 쓰지 않는 것이었다. 조사는 법을 깔보며 납부의 뜻이 없음을 드러내는 그들의 모습을 보고는 곧 법에 따라 그들을 체포하였다.

이 일이 있은 후 조사는 평원대군에게 말했다. "윗물이 맑아야 아랫물이 맑다 하였습니다. 귀족이기 때문에 더욱 더 법을 준수하고 모범을 보여야 합니다. 자신의 권세만을 믿고 특권을 누리겠다는 생

4장. 학문을 이용하여 악행을 하다

각은 버려야 하지요. 백성들은 귀족을 모범으로 삼고 있는데 만약 여러분이 법을 지키지 않는다면 그들이라고 법을 지키려 들겠습니까? 게다가 납세는 모든 국민의 의무입니다. 그 누구도 예외가 아니지요. 지금 댁의 집사를 포함한 몇몇이 법을 업신여겨 납세의 의무를 다하지 않았으니 저는 법에 따라 그들을 벌할 것입니다." 조사의 말에 할 말이 없어진 평원군은 결국 조사의 결정을 인정할 수밖에 없었다.

오래 살면
욕볼 일이 많다

壽長辱多(수장욕다)

자손이 많으면 걱정이 늘고 부가 쌓이면 일이 많아지며 오래 살면 욕볼 일이 많다. 이 세 가지는 덕을 기르는데 방해가 되니 나는 이들을 원치 않는다.

요임금이 화지華地를 둘러보러 갔을 때의 일이다. 화지의 국경을 지키는 이는 선인의 풍채와 도사의 골격을 가진 노인이었다. 그는 요임금의 행차를 기다리고 있다가 요임금을 보자마자 공수로 예를 차리며 축복의 말을 전했다. "성인이 오셨군요! 제가 성인을 위해 축복할수 있게 허락해 주십시오. 저는 먼저 성인께서 장수하시기를 축복합니다." 그러자 요임금은 눈살을 찌푸리며 말했다. "관두십시오, 관두십시오." 국경을 지키는 이가 또 말하였다. "다음으로 성인께서 부유

하시길 축복합니다." 요임금은 고개를 가로저으며 말했다. "됐습니다, 됐습니다." 국경을 지키는 이는 다시 말하였다. "마지막으로 성인께서 많은 자손을 가지시길 축복합니다." 요임금은 계속해서 고개를 저으며 말했다. "필요 없습니다, 필요 없습니다."

국경을 지키는 이는 이상하다는 듯 물었다. "장수하고 부자가 되고 자손이 번창 하는 것은 모든 이가 바라는 일이거늘 임금께서 만큼은 이러한 축복을 듣고 싶어 하지 않으시는 군요. 무슨 이유에서 입니까?" "자손이 많으면 걱정이 늘고 부가 쌓이면 일이 많아지며 오래 살면 욕볼 일이 많습니다. 그러니 이 세 가지는 덕을 기르는데 방해가 되지요. 하여 원치 않는 것입니다." 그러자 국경을 지키는 이는 말했다. "저는 임금님을 진정한 성인이라 생각했는데 이제 보니 제가 잘못 생각했군요. 임금님은 그저 군주에 지나지 않습니다. 하늘은 사람을 만들고 모두에게 합당한 직분을 주었습니다. 자식을 많이 낳는다 하여도 그들에게는 그들의 일이 주어지는데 더 이상 근심할 것이 뭐가 있겠습니까? 부자가 된다 하여도 사람들과 함께 나눈다면 무슨 문제가 있겠습니까? 성인이란 새와도 같아 한 곳에 머물지 않고, 하늘에 기대 먹고 살며 그 행적을 남기지도 않습니다. 천하에 올바른 도가 행하여지면 모두가 함께 번창 하고 천하에 도가 행하여지지 않으면 그 세태에 맞춰 은거하며 덕을 쌓지요. 천 년을 살다가 세상살이에 싫증이 나면 구름을 타고 하느님이 계신 곳으로 갑니다. 이렇게 살면 오래 산다 하여도 재앙이 닥쳐오지 않으니 욕될 일이 뭐 있겠습니까?"

춘추시대 진秦 목공은 군대를 보내 몰래 진晉나라의 국경을 넘어 정나라를 습격할 준비를 하였다. 출병을 시키기 전에 진 목공은 대신 건숙蹇叔에게 계책을 물었다. 이에 건숙은 말했다. "저는 이렇게 힘든 원정에서 승리를 거뒀다는 말을 들어본 적이 없습니다. 군사의 피로가 누적되면 전투력이 딸릴 것이고, 우리 군대가 천리를 행군하는 동안 정나라는 이를 알아차리고 전쟁에 대비할 것입니다. 애만 쓰고 좋은 결과를 얻지 못한다면 군사들의 사기는 바닥에 떨어질 것입니다." 그러나 진 목공은 건숙의 말을 듣지 않고 장군 맹명孟明·서걸西乞·백을白乙 등을 불러들여 동문에서 출병할 것을 명하였다. 건숙의 아들은 군대에 몸을 담고 있었는데 건숙은 이런 아들을 울면서 배웅하였다. "네가 돌아오는 모습을 보지 못할까 걱정이구나. 진나라는 분명 효산殽山에서 우리나라 군대를 막아 설 것이다. 효산에는 두 개의 산봉우리가 있는데 남쪽에 있는 산봉우리는 하후고夏后皐의 무덤이고, 북쪽에 있는 산봉우리는 문왕文王이 시련을 피했던 곳이다. 네 분명 그 두 산봉우리 사이에서 세상과 하직할 터이니 내 그곳에 가서 너의 유골을 찾으마!" 진 목공은 화를 내며 그에게 말했다. "네가 뭘 안다고 함부로 입을 놀리느냐?" 비록 진 목공에게 이런 모욕을 받기는 하였지만 결과적으로 건숙이 우려한 대로 상황이 전개되었으니 그의 현명함이 증명된 셈이다.

4장. 학문을 이용하여 악행을 하다

진나라 군대는 힘만 들이고 아무런 성과도 얻지 못하였으며 군
대를 철수하여 돌아오는 길에 진晉나라의 매복공격을 받았다. 진秦나
라 군대가 공격을 받은 장소는 다름이 아니라 바로 효산이었다.

자연의 뜻에 순응하다

順其自然(순기자연)

마음을 가다듬고 기를 어지럽히지 않으며 자연의 법칙에 순응하여 편견을 없애면 천하를 잘 다스릴 수 있다.

────────────

무근無根 선생은 정치를 연구하기 위해 여론 조사를 하러 나갔다. 그는 선비·농부·상인 등 여러 사람들에게 질문을 던졌다.

하루는 그가 은산殷山의 양지바른 쪽을 지나게 되었다. 그곳의 경치는 참으로 아름다웠지만 무근은 이를 본체만체하였다. 그는 요하蓼河강 부근으로 가서 한 사람을 붙잡고 물었다. "천하를 어떻게 다스려야 한다고 생각하십니까?" 이 사람은 무명의 은사로 산수를 감상하는 중이었다. 그는 귀찮다는 듯 말했다. "저리 가시오! 어찌 그리 남의 흥을 깨는 질문을 하는 게요? 나는 지금 조물주에게 귀의하여 대자연과 대화를 나누는 중이니 방해하지 마시오." 무근은 매우 정중하게 말했다. "산수만 바라보다 보면 싫증이 나는 법이지요." 그러자 무명의 은사는 말했다. "싫증이 나면 새를 타고 이 세상에서 벗어나 비현실의 세계로 가서 환상의 광야에서 쉴 참이었소. 나는 나의 즐거움이 있소. 그런데 천하를 다스리느니 하는 얼토당토 않는 말로 내 정신을 흐트러뜨려야겠소?" "그냥 저를 가르친다 생각하시고 한 말씀 해 주시지요." "좋소. 성질은 죽이고 냉정함이 있어야 하오. 객관적인 법칙을 따라야 하며 갖은 애를 써가며 지혜를 활용하려 들어선 안 되오. 당신이 만물의 자연스러움을 따라 천하를 다스린다면 천하는 자연히 태평해질 것이오."

지혜가 꼬리를 무는 역사 이야기

가을바람이 불어오자 절 안의 잔디밭이 누렇게 시들어 갔다. 한 노승이 동자승에게 파종을 하라고 시켰다. 동자승은 계절이 계절인지라 노승에게 말했다. "사부님 지금은 가을철인데요. 봄이 오면 그때 씨를 뿌리는 게 어떨지요." 노승은 말했다. "지금의 시기를 따라 보거라."

그리하여 동자승은 씨앗을 사와 뿌리기 시작했다. 그러나 바람이 불어와 씨앗의 일부가 날아갔다. 동자승은 당황하며 노승에게로 가 알렸다. 그러자 노승이 말했다. "괜찮다. 바람에 날아간 씨앗은 대부분 속이 빈 씨앗이니 남아있다 하더라도 싹을 틔우지 못했을 게다. 본성을 따라 간 것이니 신경 쓰지 말거라."

동자승은 남은 씨앗을 전부 땅에 뿌렸다. 그런데 씨앗을 다 뿌려놓자 몇 마리의 새가 날아와 씨앗을 쪼아 먹기 시작했고 동자승은 다시 황망히 노승에게로 가서 이 사실을 알렸다.

노승은 경서를 뒤적이며 말했다. "괜찮다. 애초에 씨앗을 많이 준비하였으니 새들이 이를 다 쪼아 먹지는 못할 것이다. 상황에 따라 두고 보거라."

그러나 곧 큰 비가 내려 또다시 씨앗들이 쓸려내려 갔다. 동자승은 노승에게로 가서 알렸다. "사부님 빗물에 씨앗이 쓸려내려 갔습니다." 노승은 여전히 담담하게 말했다. "괜찮다. 빗물에 쓸려가 어딘가에서 자라나게 될 것이다. 인연에 따라 두고 보자꾸나."

비가 그치고 하늘이 갠 후 동자승은 자신이 씨앗을 뿌리지 않은 곳을 포함해 여러 곳에서 푸르스름한 새싹이 돋아난 것을 발견하였다. 그는 기쁜 마음에 노승에게 달려가 알렸다. 그러자 노승이 동자승에게 말했다. "이렇게 되는 것이 마땅하다. 그러니 지금의 기쁨을 따르거라."

이렇듯 삶을 대하는데 있어 '물이 흘러가듯 자연의 섭리에 따르라'는 도가의 주장은 시기를 따르고 본성을 따르며 상황을 따르고 인연을 따르며 기쁨을 따르는 선종의 사상으로 설명할 수 있다.

4장. 학문을 이용하여 악행을 하다

내 뜻을 따르면 살고 거스르면 죽는다

順我者生 逆我者死(순아자생 역아자사)

공자는 재빠르게 도척 앞으로 가서 예를 행하였다. 도척은 노기가 충만한 모습으로 다리를 꼬고 앉아 한 손엔 칼을 쥐고 있었다. 그는 눈을 부릅뜨고는 호랑이가 울부짖듯 우렁찬 목소리로 말하길 "공구! 네가 하고자 하는 말이 내 뜻에 부합한다면 네 목숨을 부지할 것이고, 내 마음에 거슬린다면 이 자리에서 하직하게 될 것이다."라고 하였다.

공자와 유하계柳下季는 친구 사이이다. 유하계에게는 유하척柳下跖이라는 동생이 있었는데 그는 어려서부터 난폭하고 말썽이 심하였다. 결국 유하척은 커서 산적이 되었다. 그는 자신의 성을 버리고 가족들과의 연을 끊었는데 사람들은 그를 도척盜跖이라 불렀다.

도척은 구천 명의 부하를 거느리고 천하를 누비며 각종 재물을 약탈하고 부녀자들을 잡아갔다. 그가 한 번 휩쓸고 지나간 지역의 사람이라면 누구나 그를 무서워하였다. 그가 나타났다고 하면 큰 나라의 군대는 성을 둘러싸고 경계 태세를 강화하였고 작은 나라의 군대는 재빨리 돌로 만든 보루에 몸을 숨겼다.

그리하여 공자는 도척에게 잘못을 바로잡고 바른길로 돌아오라 설득하러 가려고 하였다. 유하계는 이런 공자를 보고 괜한 모험은 하지 말라며 말렸지만 공자는 이에 아랑곳 하지 않고 길을 떠났다.

도척은 공자가 왔다는 말을 듣고 몹시 분노하며 그와의 만남을 거절하였다. 공자는 다시 한 번 유하계의 소개로 만나러 왔다고 말을 전하고서야 도척을 만날 수 있었다. 공자는 재빠르게 도척 앞으로 가서 예를 행하였다. 도척은 노기가 충만한 모습으로 다리를 꼬고 앉아 한 손엔 칼을 쥐고 있었다. 그는 눈을 부릅뜨고는 호랑이가 포효하듯 우렁찬 목소리로 말했다. "공구, 네가 하고자 하는 말이 내 뜻에 부합한다면 네 목숨을 부지할 것이고 내 마음에 거슬린다면 이 자리에서 하직하게 될 것이다."

공자는 먼저 좋은 말로 그를 치켜세운 뒤 약탈 전쟁을 그만두라 설득하였다. 도척은 끊임없이 공자를 비꼬더니 그를 쫓아내라 명하였다. 공자는 너무 놀란 나머지 사색이 되어 황급히 밖으로 뛰쳐나왔다. 공자는 놀란 가슴이 가라앉지 않아 고삐를 세 번이나 놓쳤고 숨을 쉴 수 없을 것만 같았다. 공자가 노나라의 동문에 도착하였을 때 유하계가 그를 맞이하며 물었다. "며칠 동안 자네를 보지 못했는데 설마 도

4장. 학문을 이용하여 악행을 하다

척을 만나고 온 겐가?" 공자는 하늘을 바라보고 한숨을 쉬며 말했다. "그렇다네. 내가 괜한 짓을 하고 왔네. 호랑이의 이빨을 뽑으려다 물려 죽을 뻔 했어."

지혜가 꼬리를 무는 역사 이야기

서한西漢 시대 이릉李陵은 흉노와의 전쟁 중에 포로가 됐다. 한漢 무제武帝 유철劉徹은 이릉이 자살해야 했다고 생각하였다. 다른 여러 대신들도 유철의 뜻에 영합하여 모두 이릉이 자살해야 했다는 데 의견을 모았다. 이에 유철은 사마천司馬遷의 의견을 물었다. 그러자 사마천은 유철이 듣고 싶었던 답과는 정반대의 답을 내놓았다. 사마천은 말했다. "이릉은 병사들을 무척이나 아끼고 있습니다. 뿐만 아니라 적을 없애 나라에 보답하는 것이 그의 가장 큰 바람이기도 하지요. 운이 따르지 않아 전쟁에 패한 것을 두고 일부 대신들이 그의 잘못을 집어 내려 혈안이 되어있는 모습을 보자면 참으로 마음이 아픕니다. 이릉은 오천 명의 보병을 상대하는 것에 만족하지 않고 사막 한복판으로 뛰어들어 팔만 기마병들에 대항하였습니다. 다만 수백 리를 옮겨가며 싸우느라 기력이 바닥난 것뿐입니다. 비록 지금은 포로로 잡혀있지만 강적을 상대로 승리를 이끌어 내기도 했던 이름난 명장이지요. 게다가 저는 이릉이 절대 모욕을 참아내고 항복한 것이 아니라고 믿습니다. 그는 분명 나라를 위한 다른 계책을 가지고 있을 것입니다."

그러나 '자기 마음에 들면 살려주고 자기 뜻에 거슬리면 죽이는' 전제 군주의 눈에는 자신의 생명만이 중요할 뿐 다른 사람의 목숨은 모두 비천한 것이었다. 큰일을 위해 치욕을 참는 사람도 이해받을 수 없었다. 유철은 진즉에 이릉의 모든 가족을 죽였으니 이릉을 칭찬하는 사마천의 말이 거슬렸음은 너무나도 당연한 일이었다.

그리하여 유철은 사마천을 감옥에 가두었다. 사마천은 반역자를 비호한 죄로 사형을 선고받았다. 하지만 이런 그를 위해 사마천의 가족들은 어렵게 몸값을 마련하였고 그 돈으로 사형보다 한 단계 아래의 형벌인 부형腐刑(생식기를 거세하는 형벌)으로 감형될 수 있었다.

겉으로는 그래 보이지만
실제로는 전혀 다르다

似是而非(사시이비)

장자는 웃으며 말하길 "나 장주는 쓸모 있음과 없음의 사이에 있을 것이다. 쓸모 있음과 없음의 사이란 도와 비슷하기는 하나 참된 도는 아니다. 하여 세상의 구속에서 완전히 자유로울 수는 없느니라."고 하였다.

하루는 장자가 그의 제자들을 데리고 산에 올랐다. 그들은 길가에 가지가 많고 잎이 무성한 나무가 서 있는 것을 보았다. 그러나 희한하게도 나무꾼은 그 나무의 주변에 서 있을 뿐 그 나무를 베지는 않았다. 장자는 나무꾼에게 다가가 그 나무를 베지 않는 이유를 물었다. 그러자 나무꾼이 대답했다. "이 나무는 쓸데가 없어요." 장자는 제자에게 말했다. "이 나무는 재목감이 되지 못하기 때문에 천명을 누리는구나!"

산에서 내려온 장자는 제자들을 데리고 자신의 오래된 친구 집으로 향하였다. 친구는 멀리서 찾아온 장자를 기쁘게 맞이하였다. 그는 하인을 시켜 거위를 한 마리 잡아다 술상을 거하게 차려 장자 일행에게 대접하도록 하였다. 이 인정 많은 주인집에서는 거위 두 마리를 키우고 있었는데 한 마리는 울부짖을 줄 알고 한 마리는 울지 못했다. 하인이 주인에게 물었다. "어느 놈을 잡을까요?" 주인은 그를 한 번 쳐다보고는 말했다. "당연히 울지 못하는 놈을 잡아야지."

다음날 장자의 제자 중에 사색을 즐기는 이가 이틀 동안 있었던 일에 대해 장자에게 물었다. "지난번 산에서 본 거목은 재목감이 되지 못하기 때문에 천명을 누릴 수 있었습니다. 그런데 주인집의 거위는 쓸모가 없어서 죽임을 당했지요. 대체 쓸모가 있는 것과 없는 것 중 어느 쪽이 좋은 건가요?" 장자는 웃으며 답했다. "나 장주莊周는 쓸모 있음과 없음의 사이에 있을 것이다. 쓸모 있음과 없음의 사이란 도와 비슷하기는 하나 참된 도는 아니다. 하여 세상의 구속에서 완전히 자유로울 수는 없지."

────────── 지혜가 꼬리를 무는 역사 이야기 ──────────

당나라 말 재상을 역임하였던 육상선陸象先은 감정을 잘 드러내지 않기로 유명하였다. 그는 젊은 시절 섬서陝西의 대려大荔 일대에서 동주자사同州刺史를 지냈다.

한번은 육상선의 하인이 장을 보러 가는 길에 육상선 수하의 참군參軍과 마주치고는 말에서 내리지 않은 채 예를 행하였다. 참군은 자사 밑에서 군사를 책임지는 관리에 불과하였으므로 육상선의 하인이 그를 모르는 것도 어찌 보면 당연한 일이었다. 물론 말에서 내리지 않고 예를 행한 것은 예의에 어긋나는 일이나 그렇다고 해서 심각한 일도 아니었다.

그러나 이 참군은 불같이 화를 내며 하인을 말에서 끌어내려 피투성이가 될 때까지 채찍으로 호되게 후려쳤다. 그리고는 육상선의 관아에 가서 그에게 보고하였다. "소인, 대인께 실례를 범하였습니다. 그러니 저를 파면시키시지요." 진즉에 이 일을 알고 있었던 육상선은 노기로 가득한 참군의 눈을 가만히 바라보며 말했다. "내 하인이 관리를 보고도 말에서 내리지 않았으니 매로 다스려도 되고 그러지 않았어도 된다. 관리라는 자가 밑도 끝도 없이 상사의 사람에게 징계를 가하였으니 파면하여도 되고 그러지 않아도 된다." 그러고는 참군을 거들떠보지도 않고 책을 읽기 시작했다.

화가 잔뜩 나서 육상선을 찾아왔던 참군은 자사의 뜻을 헤아리지 못하여 뭐라고 답해야 좋을지 몰랐다. 그리하여 그는 주눅이 든 채로 돌아갈 수밖에 없었고 그 후부터는 자신의 언행을 각별히 단속하였다.

처음 시작하는 장자

5
대롱으로
하늘을 엿보고
송곳으로
땅을 찌르다

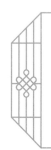

주제 파악을
하지 못하다

螳螂拒轍(당랑거철)

당신의 이러한 말은 왕이 업적을 달성하는데 마치 사마귀가 앞발을 들어 수레를 막는 것과 같이 자기 분수를 모르고 무모하게 덤비는 것과 같다.

　　노나라의 안합顔闔은 매우 강직한 사람으로 한 번은 위나라 태자 괴외의 스승으로 초빙되었다. 여태까지 이렇게 중요한 직무를 맡아본 적이 없던 그가 얼마나 황공해 하였을지는 굳이 말하지 않아도 알만 했다. 그리하여 그는 위나라의 대신 거백옥에게 어떻게 태자를 가르쳐야 할지를 물었다. 거백옥은 그의 성격에 맞춰 사마귀의 예를 들어가며 충고를 해 주었다. "어떠한 물체가 사마귀에게 다가가더라도 사마귀는 낫처럼 생긴 자신의 팔을 휘두르지요. 그 물체가 설령 마차라 할지라도 마찬가지입니다. 사마귀가 이렇게 행동하는 것은 자신의 신

분을 제대로 파악하지 못하고 자신의 능력을 과신하기 때문입니다. 당신의 지금 상황이 꼭 사마귀와 같군요. 당신은 자신의 능력을 과대평가하고 있습니다. 그래서 현명하지 못하게 태자의 스승이 되고 싶어 하는 것이지요. 만약 당신이 지나치게 자신의 의견만을 고집한다면 분명 태자의 불만을 사게 될 것이니 반드시 조심하셔야 할 것입니다.”

여기서 거백옥이 예로든 이야기는 춘추시대 제齊 장공莊公의 이야기에서 따온 것이다. 한번은 제 장공이 마차를 타고 사냥을 나갔다가 길에서 작은 곤충을 발견하였다. 그 곤충은 양팔과 같은 앞다리를 뻗고 굴러오는 마차를 가로막으려 하고 있었다. 제 장공은 마부에게 이것이 무슨 곤충이냐 물었고 마부는 대답했다. “사마귀입니다. 마차가 오는 것을 보고도 물러서지 않고 도리어 이를 막으려 들다니. 참으로 주제넘은 사마귀로군요.” 그러나 제 장공은 웃으며 말했다 “뛰어난 용사가 따로 없구나!” 그리고는 마부에게 마차를 길가로 몰아 사마귀에게 길을 내주도록 하였다.

지혜가 꼬리를 무는 역사 이야기

1206년 남송의 경락초무사京洛招撫使 곽예郭倪는 남다른 전략으로 금나라 국경 지대를 공격하여 주요 도시인 사주泗州를 함락시켰다. 재상 한탁주韓侂胄는 뜻밖의 성과에 매우 기뻐하며 송宋 녕종寧宗이 금나라의 죄상과 사주의 함락을 세상에 널리 알리고 북벌을 명하도록 부추겼다.

이에 금나라는 크게 놀랐다. 송나라가 또다시 동맹을 깼다는 사실에 놀란 것이 아니라 그 보잘것없는 병력으로 자신들에게 도전해온다는 사실이 놀라웠다. 이는 마치 사마귀가 마차를 막아서겠다고 나서는 것과 같은 도전으로 세상에 주제파악을 제대로 하지 못하는 사람이 얼마나 많은가를 여실히 보여주었다.

송나라의 군대는 네 길로 나뉘어 곽예는 숙주宿州를, 이상李爽은 수주壽州를, 황보빈皇甫斌은 당주唐州를, 그리고 왕대절王大節은 채주蔡州를 공격하였다. 그러나 금나라의 반격으로 이들은 모두 참패하였다. 금나라 군대는 회하淮河강을 건너 송나라 군대를 추격하였고 십여 개에 달하는 주州를 함락시키며 양자강 북쪽에 위치한 진주眞州에까지 밀고 올라왔다. 그들은 배를 만들어 강을 건너겠다고 큰 소리쳤고 이에 송나라 전체가 크게 술렁였다. 한탁주는 황급히 금나라에 화해를 청하였고 금나라는 이에 답하기를 화해를 하려면 먼저 주동자를 내놓으라 하였다. 그리하여 송 녕종의 아내인 황후 양楊씨는 한탁주를 함정에 빠뜨려 그의 목을 베었다. 한탁주의 머리는 금나라의 수도 중도中都로 보내져 길 한복판에 내걸렸다.

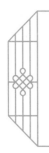

눈앞의 이익에만 연연하여
등 뒤의 위험을 모르다

螳螂捕蟬 黃雀在后 (당랑포선 황작재후)

매미 한 마리가 빽빽한 나뭇잎 사이에 숨어있는 모습이 보였다. 그런데 사마귀가 갑자기 나타나 팔을 뻗어 단번에 매미를 낚아챘다. 사마귀는 매미를 잡기 위해 자신의 행적을 드러내었고, 새는 이 순간을 이용해 사마귀를 잡아먹었다. 새는 눈앞의 먹이에 정신이 팔려 자신의 본성을 잊었다.

장자는 조릉의 밤나무 숲을 노닐고 있었다. 그는 숲에서 웬 새 한 마리가 날아오는 것을 발견하였다. 새의 날개는 일곱 자 정도로 넓었고, 그 눈은 직경으로 한 치 정도는 되어보였다. 이 새는 장자의 이마를 스치고 날아가 그리 멀지 않은 밤나무 숲 사이로 모습을 감추었다. 이를 보고 장자는 말했다. "무슨 새가 날개는 크나 멀리 날지 못하고 눈은 크나 눈빛은 무디구나." 그리고는 새총을 들고 살금살금 걸어

가 이 새의 동정을 살피며 새총을 쏠 기회를 엿보았다.

이때 매미 한 마리가 빽빽한 나뭇잎 사이에 숨어있는 모습이 보였다. 그런데 사마귀가 갑자기 나타나 팔을 뻗어 단번에 매미를 낚아챘다. 사마귀는 매미를 잡기 위해 자신의 행적을 드러내었고 새는 이 순간을 이용해 사마귀를 잡아먹었다. 새는 눈앞의 먹이에 정신이 팔려 자신의 뒤에 장자가 새총을 들고 자신을 노리고 있다는 사실을 전혀 몰랐다. 이러한 광경을 지켜보던 장자는 말했다. "아! 저 새는 큰 눈을 가지고도 주의를 기울이지 않고, 긴 날개로 날아갈 수 있는데도 도망가지 않으니 위험을 피해 자기의 몸을 지킬 줄을 모르는구나. 서로가 서로에게 해를 입히니 이는 서로를 속이고 욕심을 내기 때문이다."

여기까지 생각이 미치자 장자는 새총을 버리고 뛰어 돌아갔다. 밤나무 숲의 관리인은 장자의 모습을 보고 장자가 뭔가를 훔쳤다고 생각해 그를 쫓으며 욕을 퍼부었다.

─── 지혜가 꼬리를 무는 역사 이야기 ───

춘추시대 오나라 왕은 초나라를 정벌하기로 마음을 굳히고 이에 대해 그 누구의 충고도 용납하지 않았다. "만일 내 결정에 반대하는 이가 있다면 내 그자의 목을 칠 것이다."

왕의 어느 측근에게 아직 어린 아들이 하나 있었다. 그는 왕의 초나라 정벌 계획을 말리고 싶었으나 직접 입궁하여 왕을 만나지는 않았다. 대신 새총을 들고 궁궐 후원으로 새를 잡으러 갔다. 이렇게 연달아 세 차례 후원을 찾았고, 어느 날 드디어 왕과 마주칠 수 있었다.

오나라 왕은 옷섶이 이슬에 다 젖어서는 나무 끝을 살피며 신나게 돌아다니고 있는 그 소년을 보고는 새를 잡았는지 물어보았다. 소년은 새를 잡지 못했지만 재미있는 일을 구경하였다고 답했다. 오나라 왕은 이에 흥미를 느끼며 소년에게 무슨 일을 보았는지 말해보라 하였다. 그리하여 그는 이야기를 시작하였다. "새를 잡으려고 돌아다니다 뜰 안의 한 나무에서 매미를 보았습니다. 매미는 나무 높은 곳에 앉아 구슬프게 노래 부르며 이슬을 마시고 있었습니다. 그러느라 자신의 뒤에 사마귀가 있다는 사실을 몰랐지요. 그 사마귀는 팔을 벌리고 몸을 잔뜩 구부려 매미를 막 잡으려던 참이었습니다. 그러나 사마귀는 매미를 잡는데 너무 열중한 나머지 꾀꼬리가 바로 뒤에 있다는 것도 몰랐습니다." "그럼 그 꾀꼬리는 무엇을 하고 있었느냐?" 왕이 끼어들자, 소년은 이야기를 이어갔다. "그 꾀꼬리는 목을 길게 빼고 사마귀를 잡아먹으려 했습니다. 오로지 사마귀를 잡아먹겠다는 생각뿐이었는지 제 새총이 자신을 겨누고 있다는 것도 몰랐지요. 매미도, 사마귀도 그리고 꾀꼬리도 모두 눈앞의 이익을 얻을 생각에 자신의 뒤에 다가올 화를 생각지 못했지요!"

이때서야 오나라 왕은 이 소년이 진정으로 말하고자 하는 바를 이해할 수 있었다. 소년은 화를 피하기 위해선 경솔하게 초나라를 공격해선 안 된다고 말하고 싶었던 것이다.

왕은 잠시 생각에 잠겼다. 가만히 생각해 보니 초나라 정벌은 확실히 눈앞의 이익을 따른 행동으로 그 후의 위험을 생각지 않은 결정이었다. 그리하여 그는 군대의 출동 명령을 철회하였다.

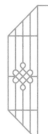

천하는 아름다움을 가지고 있지만 이를 뽐내지 않는다

天地有大美而不言(천지유대미이불언)

천하는 큰 미덕을 가지고 있지만 이를 말로 표현하지 않고, 사계절의 변화에는 분명한 법칙이 있으나 이를 논하지 않으며 만물이 생겨나는 데는 그 이치가 있지만 이를 설명하지 않는다.

지知는 북쪽 지방을 유람하다가 현수 부근에 다다랐다. 현수의 북쪽에는 은분이라는 작은 산이 있었다. 지는 그 산을 올랐다가 우연히 무위위를 만나게 되었다. 지가 무위위에게 물었다. "묻고 싶은 것이 있습니다. 어떻게 사색하고 무엇을 생각해야 도를 알 수 있습니까?" "어디에 거처하며 어떻게 행하여야 도를 지킬 수 있습니까?" "어떠한 길을 걷고 어떠한 방법을 써야 도를 얻을 수 있습니까?" 세 번을 물었지만 무위위는 아무런 대답도 하지 않았다. 대답을 못한 것

5장. 대롱으로 하늘을 엿보고 송곳으로 땅을 찌르다

이 아니라 대답할 필요가 있다는 것을 몰랐던 것이다.

지는 물음의 답을 얻지 못하고 백수의 남쪽으로 돌아가 호결산에 올랐다. 이곳에서 지는 광굴을 만났다. 지는 같은 문제를 광굴에게 물었고 광굴은 대답했다. "아! 저는 그 답을 알고 있습니다. 그런데 당신에게 알려주려니 갑자기 제가 뭘 말하려 했는지 생각이 나지 않는군요."

지는 여전히 답을 얻지 못한 채 궁으로 돌아왔다. 지는 황제를 만나 같은 문제를 질문하였다. 황제는 말했다. "아무런 사색도 생각도 없어야 비로소 도를 알 수 있으며 거처도 행함도 없어야 도를 지킬 수 있으며 어떠한 길도 걷지 않고 어떠한 방법도 쓰지 않아야 비로소 도를 얻을 수 있느니라."

천하는 큰 미덕을 가지고 있지만 이를 말로 표현하지 않고 사계절의 변화에는 분명한 법칙이 있으나 이를 논하지 않으며 만물이 생겨나는 데는 그 이치가 있지만 이를 설명하지 않는다는 것이었다. 지는 후에 다시 광굴을 만나 그에게 황제의 말을 전하였고 광굴은 황제의 말재간을 높이 샀다.

──────── 지혜가 꼬리를 무는 역사 이야기 ────────

황정견黃庭堅은 소동파蘇東坡와 같은 시대를 살았던 문학가로 시와 그림에 모두 정통하였다. 그가 참선을 할 때 회당선사晦堂禪師는 그에게 '二三子以我爲隱乎(이삼자이아위은호)? 吾無隱乎爾(오무은호이).'라는 말을 참고하도록 하였다.

그 뜻인즉슨 '배움을 구하는 학생들아! 내가 너희에게 비밀이 있다 생각하느냐? 이 스승이 너희에게 도를 이야기하며 감추는 것이 있더냐? 나는 너희와 서로 마음을 통하며 기탄없이 이야기할 뿐 감추는 것이 없다'는 말이다.

황정견은 공부를 하는 유생이었기 때문에 스승은 그에게 공자의 이 말을 참고하라 했던 것이었다. 황정견은 이 문장을 통해 여러 가지 도리를 이야기하였지만 회당선사는 이에 모두 고개를 저었다. 그러자 조금 불쾌해진 황정견은 속으로 생각하였다. '유생인 내가 이러한 도리도 모를까봐서! 스승님이 이렇게 하시는 건 일부러 나를 괴롭히실 생각이 아니고 뭐겠어?'

한번은 그가 스승과 함께 산행을 나갔다. 때는 마침 음력 8월로 계화꽃이 만발하는 시기였다. 바람이 불어오자 계화꽃 향기가 퍼졌고 황정견은 무심결에 말을 내뱉었다. "온통 금계꽃 향기로 가득하구나!" 그의 스승은 이 기회를 잡아 말했다. "나는 너에게 감추는 것이 없다!" 황정견은 그 즉시 천하의 아름다움을 말로 표현하지 않는 것이 바로 모든 도를 말하는 것임을 깨달았다.

부끄러워진 그는 스승에게 정례(무릎을 꿇어 두 손으로 땅을 짚고 존경하는 사람의 발밑에 머리를 대는 것)로써 감사를 표하였다.

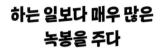

하는 일보다 매우 많은
녹봉을 주다

萬鐘之祿(만종지록)

상경이라는 지위가 도축업자보다는 높은 지위임을 잘 알고 있으며 녹봉이 많아 이것이 양을 잡아 얻는 이득보다 훨씬 많은 부를 얻을 수 있다는 것도 알고 있다. 그러나 내가 어찌 지위와 녹봉을 탐하여 대왕께 함부로 상을 내린다는 오명을 씌울 수 있겠는가! 나는 이런 높은 관직과 녹봉을 받을 수 없다. 나는 본래의 업으로 돌아갈 수 있었으면 한다.

초나라 소왕昭王이 오나라와의 전쟁에서 패해 나라를 잃고 도망갔을 때 양을 잡던 도축업자는 소왕을 따라 도망쳤다. 훗날 소왕은 초나라로 다시 돌아와 그를 따랐던 사람들에게 상을 내렸다. 그러나 도축업자는 소왕의 상을 거절하며 말했다. "대왕께서 나라를 잃으셨을 때 저 역시 양 잡는 일을 잃었습니다. 그러나 대왕께서 돌아오시게 되

어 저 역시 다시 돌아와 양을 잡게 되었지요. 이미 이렇게 다시 일할 수 있게 되었는데 무슨 상을 받는단 말입니까?" 사자는 이를 왕에게 알렸고 왕은 말했다. "안 된다. 내 반드시 그에게 상을 내릴 것이다." 그러나 도축업자는 여전히 이를 거절하며 사자에게 말했다. "대왕께서 나라를 잃었던 것은 제 잘못 때문이 아니기에 저는 이를 책임지고 죽지 못했습니다. 대왕께서 다시 돌아오신 것 역시 저의 공로 때문이 아니기에 그 상은 받지 못하겠습니다."

그리하여 소왕은 그를 궁으로 불러들였고 그는 천천히 소왕에게 말했다. "초나라의 법에 따르면 큰 공을 세워 상을 받는 자만이 대왕을 뵙게 되어있습니다. 그러나 저의 지혜로는 나라를 보존할 수 없고 저의 용기로는 적 앞에서 죽음을 무릅쓸 수도 없습니다. 오나라의 군대가 영도郢都를 침략하였을 때 저는 화를 당할까 두려워 적을 피해 달아났을 뿐 일부러 대왕을 따라나선 것이 아니었습니다. 지금 대왕께서는 국법을 어기면서까지 저를 만나고 계시니 저는 그저 이 일이 세상에 알려지지 않길 바랄 뿐입니다."

소왕은 이 말을 듣고 한편으론 기쁘고 또 한편으론 감동하였다. 소왕은 고개를 돌려 곁에 있던 사마자기司馬子期에게 말했다. "도축업자는 그 신분이 미천하나 의를 아는 자구나. 나를 위해 그를 상경上卿의 자리에 앉혀 보거라." 도축업자는 말했다. "상경이라는 지위가 도축업자보다는 높은 지위임을 잘 알고 있습니다. 또한 녹봉이 많아 이것이 양을 잡아 얻는 이득보다 훨씬 많은 부를 얻을 수 있다는 것도

5장. 대롱으로 하늘을 엿보고 송곳으로 땅을 찌르다

알고 있습니다. 그러나 제가 어찌 지위와 녹봉을 탐하여 대왕께 함부로 상을 내린다는 오명을 씌울 수 있겠습니까! 저는 이런 높은 관직과 녹봉을 받을 수 없습니다. 제가 본래의 업으로 돌아갈 수 있도록 해 주십시오."

그는 끝내 소왕이 내리는 상을 받지 않았다. 그리고 집으로 돌아가 도축업자로서 하던 일을 계속 하였다.

─────── 지혜가 꼬리를 무는 역사 이야기 ───────

전국시대 조나라의 조사는 이십대에 농지세를 징수하는 관직을 맡아 한 지방에서 세금을 거둬들였다. 당시에는 많은 세가대족들이 있었는데 세금을 걷는 일은 종종 그들의 심기를 불편하게 하곤 하였다.

당시 평원군이었던 조승趙勝은 많은 논밭을 소유하고 있었다. 그러나 그의 집에서 땅을 관리하던 자는 평원군의 힘에 기대 농지세를 내려하지 않았다. 세금을 걷으러 갔던 부하가 조사에게 이러한 상황을 보고하였고 조사는 직접 세금을 받으러 갔다. 하지만 그들은 여전히 세금을 내지 않고 버텼다.

그리하여 조사는 평원군의 하인 십여 명을 체포하고 그 중 막무가내로 잘못을 인정하지 않는 아홉 명을 법에 따라 사형에 처하였다. 이 소식을 들은 평원군은 크게 노하며 조사를 잡아들이라 명하였다. 그는 조사를 사형에 처할 작정이었다. 그러나 조사는 평원군에게 말했다. "윗물이 맑아야 아랫물이 맑은 법입니다. 대인께서는 많은 녹봉을 받는 승상이십니다. 그런데 하인들이 세금 납부를 거부하며 국법을 어기고 있는데도 이를 방관하셨습니다. 국법이 흔들리면 나라는 반드시 쇠퇴하게 되어 있고, 나라가 쇠퇴하면 다른 이들이 침략을 해올 수 있습니다. 만약 이렇게 해서 조나라가 멸망한다면 어찌 대인께서 지금의 부귀영화를 누리실 수 있겠습니까? 대인께서 국법을 지키시면 천하가 태평해지고 나라도 강성해 질 것입니다. 조나라가 강국이 되면 대인께서 잃으실 게 뭐가 있습니까?"

조사의 말에 평원군은 아무 말도 할 수가 없었다. 결국 평원군은 조사를 풀어주었고 전국의 세금 관리자로 왕에게 그를 추천하였다.

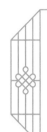

이겨도 소용없는
하찮은 싸움을 한다

蝸角之爭(와각지쟁)

달팽이의 왼쪽 더듬이에 위치한 촉씨와 오른쪽 더듬이에 위치한 만씨가 항상 영토 전쟁을 하여 그 시체가 수만 구에 달하였다. 승전국은 패전국을 십오 일간 추격하다 자기네 나라로 돌아갔다.

전국시대 위魏 혜왕惠王은 마릉전馬陵戰에서 제나라 위왕威王에게 참패하여 십만 병사를 잃었다. 그 후 위나라는 제나라와 우호 관계를 회복하고 서로 침략하지 않겠다는 조약을 체결하였다. 그러나 얼마 지나지 않아 제나라는 이 조약을 어기고 위나라에게 해가 되는 행동을 서슴지 않았다. 이에 크게 분노한 혜왕은 자객을 보내 제 위공을 암살하려 하였다. 그러나 장군 공손연公孫衍은 제 위공을 암살하는 것은 명예롭지 못한 행동이라 생각하였다. 이에 공손연은 말했다. "한 나라의 왕께서 백성들이 쓰는 방법으로 복수를 함이 가당키나 합니까! 부디 제가 이십만 군사를 이끌고 폐하를 위해 제나라를 공격할 수 있도록 해주십시오."

그러나 대신 이선생의 생각은 또 달랐다. 그는 보복은 야만적인 행동이라며 이를 반대하였다. 재상 혜시惠施는 그들의 논쟁을 가만히 듣고 있다가 조용히 궁 밖으로 나가 대진인戴晉人이라는 현인을 찾아갔다. 혜시는 대진인과 함께 입궁하여 혜왕에게 대진인을 소개하였다. 대진인은 기지가 넘치는 자였다. 혜왕을 알현한 그는 대뜸 혜왕에게 물었다. "대왕께서는 달팽이를 보신 적이 있으십니까?" "있다." 그러자 대진인은 말했다. "두 무리가 달팽이의 뿔에 기어 올라갔습니다. 한 무리 녀석들은 오른쪽 더듬이를 점령하여 촉觸나라를 세우고 다른 한 무리 녀석들은 왼쪽 더듬이를 차지하여 만蠻나라를 세웠습니다. 두 나라의 군대는 접경 지역에서 그러니까 달팽이의 머리 부분에서 항상 영토 전쟁을 벌였습니다. 그러다 한 번은 큰 전쟁이 벌어졌습니다. 그 전쟁으로 시체 수만 구가 쌓였지요. 패전국은 달팽이 더듬이의 끄트머리로 달아나 그곳을 사수하였습니다. 승전국은 패전국의 군대를 십오 일간 추격하여 개선하여 돌아왔습니다. 이 두 나라는 조약을 체결하고 다음에 다시 전쟁을 치르기로 하였습니다."

혜왕은 말했다. "에이. 자네가 지어낸 이야기가 아닌가?" "아닙니다. 그렇지 않습니다. 폐하께서는 우주에 한계가 있다고 생각하십니까?" "없다고 생각하네." "지금 폐하의 영혼이 하늘을 날아 끝없는

5장. 대롱으로 하늘을 엿보고 송곳으로 땅을 찌르다

우주 공간을 놀라운 속도로 유람하고 있다고 가정해 보십시오. 그리고 다시 지상으로 돌아와 구주의 각 나라를 바라보았다고 생각해 보십시오. 우주에 비해 너무나도 보잘것없이 작아 보이지 않겠습니까?"

"그야 물론 그렇겠지." "구주의 한가운데 자그마한 위나라가 있습니다. 그리고 위나라에는 더 작은 대량성大梁城이 있고 대량성 안에는 미립자가 있습니다. 용서하십시오. 그 미립자는 바로 폐하이십니다. 과연 폐하께선 만나라의 우두머리와 비교하여 큰 차이점이 있을까요?"

혜왕은 어색하게 고개를 끄덕였다. 그러자 진대인은 더 이상 이야기를 하지 않았다. 그는 어리둥절해 하는 혜왕을 홀로 남겨두고 허리를 굽혀 절을 하고는 물러갔다.

─── 지혜가 꼬리를 무는 역사 이야기 ───

송나라 인종仁宗 조정趙禎은 아들이 없었다. 그래서 그의 사촌형 복왕濮王 조윤양趙允讓은 자신의 아들 조서趙曙를 인종의 양자로 보내 태자로 만들었다. 1063년 인종이 서거하고 조서가 즉위하여 영종英宗이 되었다. 1065년 영종은 예관과 대신들에게 명하여 복왕을 모시는 의식을 치르도록 하였는데, 이로써 사대부들 사이에는 호칭 문제로 심각한 논란이 일어났다. 논란의 주요 쟁점인즉슨 바로 영종이 자신의 친아버지인 조윤양을 뭐라 불러야 하나였다.

사마광司馬光과 왕규王珪를 필두로 한 관리들은 조서가 법적인 아버지 조정의 사촌형인 조윤양을 당연히 백부라 불러야 한다고 생각하였다. 그러나 재상인 한기韓琦와 부재상인 구양수歐陽修는 아버지라 불러야 한다고 주장하였다. 그들은 영종에게 이 두 가지 방법을 토론에 부치도록 청하였다. 이에 대한 관리들의 반응은 뜨거웠다. 그들은 대부분 왕규 측의 의견에 동의하였다. 이러한 소식을 들은 태후 역시 조서를 통해 한기 등을 호되게 비난하며 복왕을 아버지라 부르는 것은 부당하다는 데에 힘을 실었다. 어사중승御使中丞 가암賈黯은 죽기 전 조서에게 친아버지를 반드시 백부라 불러야 한다는 유서를 남겼고 대신 채항蔡伉은 조서를 만나 눈물을 쏟으며 나라의 흥망이 바로 이 호칭에 달려있다고 말했다. 뿐만 아니라 어사 범순인范純仁과 여대방呂大防은 오양수와 한기를 소인배로 취급하며 그들을 참형에 처해야 한다고 하였다.

이처럼 하찮은 문제로 영종과 대신들은 모두 골머리를 썩어가며 장장 18개월 동안 논쟁을 벌였다.

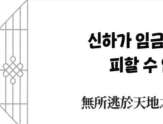

신하가 임금을 섬기는 것은
피할 수 없는 일이다

無所逃於天地之間(무소도어천지지간)

세상에는 우리가 거울로 삼아야할 두 가지 법칙이 있다. 그 하나는 운명이며 다른 하나는 인의이다. 자식이 부모를 사랑하는 것은 운명으로 이는 말로는 설명할 수 없다. 신하가 임금을 섬기는 것은 인의에서 비롯된 것으로 어디를 가나 임금이 없는 곳은 없으며 이는 세상에서 피할 수 없는 일이다.

초나라의 심자고沈子高는 제량諸梁이라는 또 다른 이름을 가지고 있었으며 엽현葉縣에서 수석 장관을 지내 엽공葉公이라 불리기도 하였다.

그는 초나라 왕의 명을 받고 외교사절로 제나라에 가게 되었다. 떠나기 전 그는 공자를 찾아가 조언을 구하며 말했다. "이번 임무는 매우 막중합니다. 물론 제나라는 예를 차려가며 저에게 융성한 대접을 해주겠지만 협상 과정에서는 분명 문제를 만들어 저를 곤란하게 만들 것입니다. 선생님께서는 저를 아시지 않습니까. 백성을 설득하는 것도 힘든데 제나라 왕을 설득하러 가야한다니! 게다가 제나라 왕은 주나라 왕 다음가는 동방의 맹주가 아니겠습니까? 저는 정말이지 걱정이 이만저만이 아닙니다." 그러자 공자가 말했다. "세상에는 우리가 거울로 삼아야할 두 가지 법칙이 있습니다. 운명과 인의人義입니다. 자식이 부모를 사랑하는 것은 운명으로, 이는 말로는 설명할 수 없지요. 신하가 임금을 섬기는 것은 인의에서 비롯된 것으로, 어디를 가나 임금이 없는 곳은 없으며 이는 세상에서 피할 수 없는 일입니다. 하여 어디를 가던 한결같은 마음으로 부모를 섬기는 것을 효의 경지라 하고, 무슨 일을 하던 상관없이 군주를 섬김은 충의 경지라 합니다. 제나라가 당신에게 어떤 태도를 보일지, 당신이 초나라로 돌아온 후 어떻게 보고를 할 것인지에 대해 굳이 미리 생각할 필요가 뭐 있습니까? 미리 이런저런 생각으로 자신을 괴롭히느니 차라리 낙관적으로 하늘의 뜻을 받아들이시지요."

―――――― 지혜가 꼬리를 무는 역사 이야기 ――――――

동한 시대 환관 조절曹節은 장검張儉이 반역을 꾀하였다고 모함하였다. 이에 한漢 영제靈帝는 장검의 동지들을 잡아들이라 전국 각지에 명하였다. 체포령이 떨어지자 여남군汝南郡의 독우督郵는 명령을 받

5장. 대롱으로 하늘을 엿보고 송곳으로 땅을 찌르다

들어 범방范滂을 잡아들이려 하였다.

　　이 소식은 범방의 귀에까지 들어가게 되었고 범방은 제 발로 현으로 출두하여 자수를 하였다. 현령縣令 곽읍郭揖은 정직한 사람이었다. 그는 범방이 찾아온 것을 보고 깜짝 놀라며 말했다. "이리도 넓은 세상에 못갈 곳이 어디 있다고 여기에 왔는가?" 곽읍은 관직을 내려놓고 범방과 함께 도주를 하려고 마음먹었다. 이러한 곽읍의 마음이 너무나도 고마웠지만 범방은 의연하게 말했다. "됐습니다. 어디를 가든지 이 세상에서는 군자의 그늘을 벗어날 수 없다 하였습니다. 제가 죽으면 조정에서 동지들을 잡아들이는 일을 그만둘지도 모릅니다. 그런데 제가 어찌 당신을 여기에 말려들게 할 수 있겠습니까. 게다가 제가 이대로 도주한다면 제 늙은 어미에게까지 해가 가지 않겠습니까?"

　　현령은 어쩔 수 없이 그를 감옥에 가두고 그의 노모와 아들에게 알려 그들이 만날 수 있도록 해 주었다. 범방의 어머니는 손자를 데리고 감옥으로 범방을 만나러 왔다. 범방은 어머니를 안심시키며 말했다. "제가 죽어도 아우가 어머니를 잘 보살펴 드릴 것입니다. 그러니 너무 마음 아파하지 마십시오." 그의 어머니는 말했다. "네가 이응李膺이나 두밀杜密처럼 좋은 명성을 얻을 수 있는 것만으로도 나는 충분히 만족한다. 그러니 너도 너무 괴로워하지 말거라." 결국 범방은 백여 명의 사람들과 함께 죽임을 당하였다.

아무런 걱정이
없다

無憂無慮(무우무려)

소위 덕이 있는 사람이란 도를 수양하고 덕을 쌓아 그 경지에 다다른 사람으로 주변이 고요하여도 쓸데없는 생각을 하지 않고 행동함에 있어도 거리낌이 없다. 또한 시비와 선악을 개의치 않고 사람들과 함께 이익을 나눔을 기쁨으로 여기며 백성들과 함께 부유해짐을 바란다. 가끔 도의심을 깊이 깨달을 때면 마치 어린아이가 어머니를 찾은 듯 기뻐하고 자신이 아직 속세에 있다는 것이 생각날 때면 마치 길 잃은 나그네와 같이 실의에 빠진다. 함부로 돈을 쓰지 않으니 자연히 절약이 되고 재물에는 관심이 없으며 먹는데 특별히 신경 쓰지 않으니 자연히 풍족해진다. 이것이 바로 덕이 있는 사람의 모습이다.

안개의 화신 순망諄芒은 동쪽의 바다로 향해 가다가 동해 주변

5장. 대롱으로 하늘을 엿보고 송곳으로 땅을 찌르다

에서 우연히 원풍苑風을 만났다. 원풍은 회오리바람의 화신으로 그의 몸집은 영양의 뿔처럼 생겼다. 그는 동해를 빙빙 돌며 한가롭게 노닐다가 가끔 서쪽의 육지로 올라가 문제를 일으키곤 하였다. 원풍이 물었다. "어디로 가시는 길인가요?" "큰 바다로 가는 길입니다." 원풍은 이상하다는 듯 물었다. "거기 가서 뭘 하시려고요?" 순망은 대답했다. "큰 바다는 계속해서 물을 퍼다 부어도 차서 넘치는 법이 없고 계속해서 물을 퍼낸다 하여도 마르는 법이 없다합니다. 저는 자유로이 그곳을 유람할 생각입니다." 이 말을 들은 원풍은 존경하는 마음을 가지고 순망에게 말했다. "선생께서는 천하의 백성들을 살피고자 하는 마음이 없으십니까? 선생께 성인의 다스림에 대해 듣고 싶습니다." 순망은 말했다. "성인의 다스림 말입니까? 성인의 다스림이란 시기적절한 정책을 펼치고 능력 있는 인재를 등용하며 실정을 완벽히 파악하여 해야 할 일들을 하고 언행이 모두 백성의 이익에 부합하여 천하의 모든 백성들을 자연스럽게 그 곁으로 모여들게 하는 것이지요."

원풍은 다시 덕이 있는 사람이란 어떤 사람인지 말해 달라 청하였고 순망은 대답하였다. "소위 덕이 있는 사람이란 도를 수양하고 덕을 쌓아 그 경지에 다다른 사람으로 주변이 고요하여도 쓸데없는 생각을 하지 않고 행동함에 있어도 거리낌이 없습니다. 또한 시비와 선악을 개의치 않고 사람들과 함께 이익을 나눔을 기쁨으로 여기며 백성들과 함께 부유해짐을 바라지요. 가끔 도의심을 깊이 깨달을 때면 마치 어린아이가 어머니를 찾은 듯 기뻐하고 자신이 아직 속세에 있다는 것이 생각날 때면 마치 길 잃은 나그네와 같이 실의에 빠집니다.
함부로 돈을 쓰지 않으니 자연히 절약이 되고 재물에는 관심이 없으
며 먹는데 특별히 신경 쓰지 않으니 자연히 풍족해 집니다. 이것이 바
로 덕이 있는 사람의 모습이지요."

지혜가 꼬리를 무는 역사 이야기

500년 10월 남제南齊의 옹주자사雍州刺史 소연蕭衍은 군사를 일
으켜 황제 소보권蕭寶卷에 대항하였고 이듬해 소연의 군대는 수도 건
강建康을 포위하였다. 그러나 소보권은 여전히 평소와 마찬가지로 자
신의 궁전을 확장하기에 여념이 없었다. 그는 어디에 좋은 나무나 대
나무가 있다고 하면 이를 모두 궁 안으로 옮겨다 심었다. 그의 몇몇 심
복들은 상황의 심각성을 알아차렸고 그 중 한 사람이 소보권에게 간
언하였다. "제가 폐하의 부친을 뵈었는데 부친께선 폐하가 궁 밖으로
나돌며 한가로이 놀기만 한다고 꾸짖으셨습니다." 소보권은 이게 크
게 노하며 허리춤의 칼을 뽑아 들고 제 아비의 망령을 찾았다. 그러나
찾지 못하게 되자 풀로 아버지의 초상을 만들어 그 머리를 베고 이를
궁궐 입구에 걸어두었다. 소보권은 궁의 재산을 투자하여 군대를 키
워야 한다는 군관들의 청에 펄쩍 뛰며 말했다. "어찌하여 나한테만 돈
을 내놓으라 하느냐. 적이 쳐들어오면 나만 죽인다하더냐!"
　　12월이 되고 소보권이 아무걱정 없이 노래를 들으며 흥에 취해

5장. 대롱으로 하늘을 엿보고 송곳으로 땅을 찌르다

있을 때 장군 왕진국王珍國이 군대를 이끌고 황궁으로 쳐들어 왔다. 이때 한 환관이 칼을 들어 소보권의 무릎을 베었고 그는 바닥에 쓰러졌다. 이에 중병참군中兵參軍 장제張齊가 다시 칼을 휘둘렀고 그의 목을 베었다. 그리고는 소연의 입성을 맞이하였다.

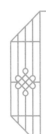

겉으로만 짐짓
좋은 체하다

虛與委蛇(허여위이)

방금 나는 그에게 근본의 도에서 벗어나지 않는 모습을 보여주었다. 흐름에 몸을 맡기고 바깥의 사물이 변하는 대로 나도 변하게 두었더니 그는 이런 나의 모습이 두려워 도망을 간 것이다.

정鄭나라에는 계함季咸이라는 신통한 무당이 있었다. 그는 사람들의 생사존망이나 길흉의 여부를 단 한 번의 어긋남 없이 정확하게 알아내었다. 열자列子는 계함을 찾아가 관상을 본 뒤 깜짝 놀랐다. 그는 급히 스승 호자壺子에게로 돌아가 말했다. "저는 원래 스승님의 도술이 가장 뛰어나다 생각했습니다. 그런데 스승님보다 도술이 더 뛰어난 사람이 생겼습니다." 호자는 말했다. "내가 너에게 가르친 것은 그저 현상일 뿐 본질이 아니다. 그런데 네가 어찌 도를 얻을 수 있겠느

냐? 또한 암새만 있고 수새가 없다면 어찌 알을 낳을 수 있겠느냐? 네가 도술로 세상과 힘을 겨루려는 모습을 드러냈기에 남이 너의 관상을 꿰뚫은 것이다. 네가 그를 데려와 내 관상을 보게 해 보거라."

이튿날 열자는 계함과 함께 호자를 만나러 왔다. 계함은 호자를 만나고 방에서 나와 열자에게 말했다. "당신의 스승님은 열흘을 넘기지 못하고 곧 돌아가실 겁니다. 내 보아하니 안색이 안 좋고 기도 빠져 있는 것이 꼭 물에 젖은 잿더미 같았습니다."열자는 통곡을 하며 방으로 들어가 호자에게 계함의 말을 전했다. 그러자 호자가 말했다. "방금 전 나는 그에게 마음의 고요함을 보여 주었다. 움직이지 않는 가운데 움직임이 있으니 아마도 내 생기가 다했다고 생각한 모양이다. 네가 그를 다시 한 번 데려와 보거라."

다음날 열자는 다시 계함과 함께 호자를 찾아왔다. 계함이 호자를 만나고 나와 열자에게 말했다. "다행이군요! 당신의 스승님은 나를 만나 살 희망을 얻었습니다. 저는 그의 막혀있던 생기에 변화가 있음을 보았습니다." 열자는 다시 계함의 말을 호자에게 전했고 이에 호자가 말했다. "방금 나는 그에게 천지간의 생명력을 보여주었다. 명실 名實을 모두 마음에 두지 않아 생기가 발꿈치에 나타났으니 그는 아마 이를 본 것일 게다. 그를 다시 한 번 데려오거라."

그리고 다음날 열자는 다시 계함을 데리고 호자를 찾았다. 이번에도 역시 계함은 열자에게 말했다. "당신의 스승님은 안색이 일정하지 않아 저로서는 관상을 봐드릴 방법이 없습니다. 안정을 찾으신 후에 다시 봐드리도록 하지요." 열자는 방으로 들어가 호자에게 이 말을 전했다. 호자는 열자의 말을 가만히 다 듣고는 입을 열었다. "방금 내가 드러낸 것은 음양의 기가 어느 한쪽에도 치우치지 않고 공존하는 모습이었다. 하여 그는 아마 이를 보고 일정치 않다고 했을 게다. 네그에게 다시 한 번 내 관상을 봐 달라 청하거라."

이튿날 열자는 계함을 데리고 왔고 계함은 호자의 방에 채 들어서기도 전에 달아났다. 호자는 열자에게 쫓아가라 말했다. 그러나 열자는 그를 따라잡지 못하고 돌아와 호자에게 말했다. "이미 그림자도 없이 사라져 따라잡을 수가 없었습니다." 호자는 말했다. "방금 나는 그에게 근본의 도에서 벗어나지 않는 모습을 보여주었다. 흐름에 몸을 맡기고 바깥의 사물이 변하는 대로 나도 변하게 두었더니 그는 이런 나의 모습이 두려워 도망을 간 것이다."

───────── 지혜가 꼬리를 무는 역사 이야기 ─────────

당나라 전기의 저명한 시인인 소미도蘇味道는 조주趙州 난성欒城 출신이다. 그는 아홉 살 때부터 글을 쓰기 시작하여 청년이 되어서는 이교李嶠·최융崔融·두심언杜審言과 함께 '문장사우文章四友'라 불렸다. 소미도는 관운이 있어 순탄한 벼슬길을 걸었다. 함양위咸陽尉에 임명되었다가 후에 이부시랑吏部侍郎 배행검裴行儉의 눈에 띄어 그와 함께 돌궐족을 정벌하고 군중서기軍中書記가 되었다. 무측천武則天이 제위에 있을 당시 소미도는 무측천의 두터운 신임을 받으며 세 번이나 재상의 자리에 올랐다. 그러나 그는 재상의 자리에 있으면서 특별한 공을 세우지는 않았다.

무측천은 관리들을 엄격히 감시하고 통제 하는 공포정치를 실시하였고 이로써 걸핏하면 조정의 관료들의 목이 날아가곤 하였다. 소미도는 사람을 대하는 데 각별히 주의를 기울였고 항상 '명철 보신明哲保身'의 태도로 일관하며 어떠한 물음에도 애매모호한 답을 하였다. 당시 사람들은 그가 처세술에 능하고 구렁이 담 넘듯 일을 처리한다 하여 그에게 '소모릉蘇模棱'이라는 별명을 지어주었다.

훗날 소미도는 장역지張易之 형제를 가까이하다 중종中宗 때에 이르러 미주자사眉州刺史로 좌천된다. 그리고 얼마 후 익주益州의 대도독부장사大都督府長史로 전임하여 부임도 하기 전에 세상을 떠났다. 이때 그의 나이 쉰여덟 살이었다.

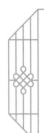

책을 널리 읽어
학식이 풍부하다

學富五車(학부오거)

혜시가 여러 학문을 익히니 저서가 다섯 수레나 된다. 그러나 그의 도는 순수하지 못하고 그의 말은 이치에 맞지 않는다.

───────────────

혜시는 장자의 친구이며 선진先秦 명가名家학파를 대표하는 인물로 그의 기본 이념은 사물은 사람에 의해 명명되며 그 명名이 곧 실實이라는 데에 있었다. 명가는 바로 이러한 사물의 명과 실에 대해 연구하는 학파였다.

위魏나라에서 재상을 지낸 혜시는 박학다식하였다. 그는 여가 시간을 이용해 관념학觀念學과 논리학을 연구하였으며 책을 쓰기도 하였다. 당시 죽간竹簡으로 만들어진 혜시의 저서는 다섯 수레가 넘었으나 그의 이론은 모순이 많았고 그의 구체적인 주장들은 사회 문제와 무관한 것이었다.

혜시는 주위의 현상을 관찰하여 자신만의 독특한 견해를 제시했다. 십사十事라고 불리는 그의 주장은 다음과 같다. "가장 큰 것은 밖이 없다. 이것을 대일大一이라 한다. 가장 작은 것은 안이 없다. 이것을 소일小一이라 한다(제1사). 두께 없는 것은 쌓을 수 없다. 그런데 그 크기는 천리나 된다(제2사). 하늘은 땅과 같이 낮고 산은 못과 같이 평평하다(제3사). 지금 바로 중천에 떠 있는 해는 동시에 저물고 있는 해이고 바로 살아 있는 만물은 동시에 죽어가는 만물이다(제4사). 대동大同과 소동小同은 다르다. 이것을 소동이小同異라 한다. 만물은 어떤 점에서 모두 같고 또 어떤 점에서 모두 다르다. 이것을 대동이大同異라고 한다(제5사). 남방南方은 끝이 없으면서도 끝이 있다(제6사). 오늘 월나라에 갔는데 어제 도착하였다(제7사). 연결된 고리는 풀 수 있다(제8사). 나는 천하의 중앙이 어디에 있는지 안다. 연燕나라 북쪽과 월越나라 남쪽에 있다(제9사). 만물을 똑같이 사랑하라. 천지는 하나의 전체이다(제10사)."

혜시는 여러 곳을 돌아다니며 연설을 했고 명가와 그의 이름을 널리 알렸다. 이에 많은 변론가들이 그를 따랐으며 그와 함께 토론하는 것을 즐겼다.

─────────── **지혜가 꼬리를 무는 역사 이야기** ───────────

고염무顧炎武는 책을 많이 읽어 풍부한 학식을 갖춘 학자였다. 그는 천문·역법·수학·지리·역사 등에 대해 깊이 이해했고 평생 수십 권의 저서를 남겼으며 유가에 통달했다. 고염무는 역사서·지리서·문학서뿐만 아니라 농경·광산·교통 등 과학 기술서도 통독하였다. 책을 읽지 않는 자는 무지하다는 생각을 가졌던 고염무는 나이 마흔에 집안의 책을 다 읽고 나서 세상의 모든 책을 읽겠다는 뜻을 세우고 길을 떠났다.

고염무는 말 두 필과 노새 네 필을 거닐고 길을 나섰는데 자신이 탄 말 이외에 나머지 말 한 필과 노새 네 필에는 책이 가득 실려 있다. 그는 마을을 지날 때마다 노인들에게 가르침을 청했고 중요한 관문의 위치와 산맥 및 하류의 위치, 다른 마을로 가는 길을 물었다. 그리고 마을에서 얻은 정보와 책에 기록된 내용이 다를 경우 반드시 직접 가서 확인했으며 결과를 책에 기록하고 자신의 견해를 덧붙였다. 고염무는 오륙 년간의 여행을 통해 산동山東, 하북河北 일대의 지리를 파악하게 되었다.

『영평이주지명기營平二州地名記』와 『창평산수기昌平山水記』 등 그가 편찬한 수많은 군사 지리서는 그가 여행을 통해 얻은 지식을 바탕으로 한 것이다. 그의 노력으로 그는 과거의 탁상공론식 학문 전통을 타파하고 연역적 사고를 기반으로 하는 학문 연구를 시작할 수 있었다.

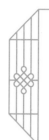

대롱으로 하늘을 엿보고
송곳으로 땅을 찌르다

以管窺天 以錐刺地(이관규천 이추자지)

그런데도 당신은 멍청히 관찰로 이해하고 변론으로 추구하려 하고 있다. 그야말로 가느다란 대롱으로 하늘을 살피고 짧은 송곳을 땅에 꽂아 재려는 것과 같으니 어찌 천하를 다 알 수 있겠는가!

공손룡公孫龍은 전국시대 조나라 사람으로 총명하고 학식이 풍부한 변론가로 유명하다. 그는 "흰 말은 말이 아니다."라는 명제로도 유명하며 그의 학설은 제자백가에 큰 영향을 미쳤다.

그는 자신의 학문과 변론이 당대 최고라고 여기고 있던 중 장자莊子에 관한 이야기를 듣고 크게 탄복하며 자신의 변론과 지혜를 장자와 견주어보고 싶어졌다. 공손룡이 평원군의 식객으로 지낼 때 그는 위나라 공자 위모魏牟가 장자의 추앙을 받는다는 소문을 듣게 되었다.

그리하여 그는 한단에서 중산국까지 위모를 찾아 나섰다. 공손룡이 위모에게 물었다. "나는 어려서부터 선왕의 치국治國의 도를 익혔고 커서는 인의仁義를 배워 만물의 같음과 다름을 알고 그 이치를 파악했습니다. 그러나 장자의 이야기를 듣고는 세상에 고명한 학자가 또 있음을 알았지요. 그대가 보기에 나의 변론과 지식이 장자와 비교해 어떠합니까?"위모는 탁자에 기댄 채 크게 한숨을 쉬고 하늘을 우러러 웃으면서 말했다. "장자의 도는 매우 현묘하지요. 방금 땅 아래 깊은 곳에 서 있다가 홀연히 하늘 위로 올라가는 것과 같이 남과 북을 구별하지 못하고 사방이 뚫려 막힘이 없으며 모르는 것이 없습니다. 천박하고 얕은 지식과 경험으로 심오하고 깊은 학문을 배우려 하는 것은 대롱으로 하늘을 엿보고 송곳으로 땅을 재려는 것과 같습니다. 어떻게 좁은 식견과 학문으로 천하의 도를 논하려 하십니까?"

공손룡은 그의 말에 놀라 낙담한 채 입을 다물지 못했다. 이에 위모는 다시 말했다. "그러나 당신이 자신의 모든 것을 포기하고 장자의 것을 흉내 낼 필요는 없지요. 자신만의 견해를 가지는 것이 중요합니다. 그렇지 않으면 한단의 걸음걸이를 제대로 배우기도 전에 본래 자신의 걸음걸이마저 잊어버릴 것입니다." 공손룡은 위모의 말이 끝나기 무섭게 자리를 떠났다.

전국시대 제나라에는 편작扁鵲이라는 명의가 있었다. 그의 이름은 원래 진월인秦越人이었으나 의술이 뛰어나 황제의 신의神醫라 전해 내려오는 편작의 이름으로 불렸다.

한번은 편작이 제자를 데리고 외진을 나갔다가 모貌나라 왕궁을 지나게 되었다. 왕궁의 사람들은 태자의 쾌유를 위한 제를 지내느라 분주한 모습이었다. 그러나 얼마 후 사람들은 다시 바삐 관을 준비하는 것이었다. 이 광경을 지켜보던 편작은 한 관원에게 물었다. "태자는 무슨 병을 앓고 있나요?" 관원이 대답하였다. "태자는 기혈이 불규칙하고 양기와 음기의 소통과 발산이 되지 않다가 갑자기 세상을 떠났습니다." 편작이 사망 시간을 묻자 날 밝을 무렵이며 반나절밖에 지나지 않았고 아직 입관을 하기 전이라 하였다. 이에 편작은 "저는 제나라 의사 진월인이라 합니다. 태자를 다시 살릴 수 있을 거 같은데 제가 군왕의 시신을 한 번 살펴봐도 되겠소?"라고 했다.

그 말을 듣고 있던 관원은 편작을 보더니 말했다. "당신 지금 무슨 헛소리 하는 거요? 죽은 사람을 어떻게 다시 살린단 말이오? 옛날에 유俞씨 성을 가진 명의가 탕제나 약주 등을 사용하지 않고 옷을 벗겨 진찰을 하고 몸을 해부하여 병소를 제거하는 치료법을 들은 적이 있소. 만약 선생의 의술이 그처럼 뛰어나다면 죽은 태자도 살릴 수 있을 거라고 믿지만 그렇지 않을 경우엔 사기꾼으로 볼 수밖에 없소이다." 편작은 하늘을 보고 탄식하며 말했다. "당신이 말한 치료 방법은 대롱으로 하늘을 엿보고 송곳으로 땅을 재려는 것이니 전체를 보지 못하는 것입니다. 나는 환자를 직접 보거나 맥을 짚어 보지 않고 안색만 봐도 병의 원인을 찾을 수 있습니다."

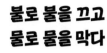

불로 불을 끄고
물로 물을 막다

以火救火 以水救水(이화구화 이수구수)

불로 불을 끄고 물로 물을 막으려하면 할수록 상대의 잘못은 더욱 늘어난다. 처음부터 끌려가면 왕의 과오는 끝없이 늘어갈 것이다. 네가 신임도 받지 못하면서 충직한 언사만 쏟아 붓는다면 필시 사나운 왕에게 죽임을 당하고 말 것이다.

———————

노나라의 유명한 현인인 안회는 공자의 제자로 충직하고 성실하여 오랫동안 공자를 따르며 그의 신뢰를 받았다. 안회는 공자를 만나 길을 떠나겠다고 말했다. 이에 공자가 물었다. "어디로 가려하느냐?" "위나라로 떠나려 합니다." "어째서 위나라로 가려 하느냐?" 공자의 물음에 안회는 말했다. "제가 듣기에 위나라 왕은 나이가 젊은데다가 행실이 사납고 국사 처리에도 신중하지 못하다 합니다. 또한 군사의 생사를 고려하지 않고 전쟁을 일삼아 전쟁으로 인한 시체가 흡사 연못에 무성한 파초와도 같이 많다고 합니다. 저는 일찍이 스승님께서 '잘 다스려지는 나라는 떠나고 어지러운 나라로 들어가라. 어진 의사에게는 환자가 많이 모이는 법이다'라고 하신 말씀을 기억합니다. 해서 저는 스승님께 들은 대로 실천에 옮겨보고자 합니다. 이번 위나라 방문으로 위나라의 정치 상황이 나아지길 바랄 뿐이지요!" 공자는 말했다. "위 왕은 자네의 충언을 받아들일 만한 그릇이 못된다. 만약 그런 자였다면 굳이 네가 위나라로 가지 않아도 될 게야. 다른 이의 충언도 소용이 없는 자이거늘 안회 자네라고 다른 방도가 있겠나? 그러니 네가 이를 가볍게 여기고 위나라로 가서 왕에게 충언을 한다면 불로 불을 끄고 물로 물을 막는 꼴이 될 게야. 만일 네가 왕의 기세에 눌려 그의 뜻에 따르게 되기라도 한다면 계속해서 그 뜻을 따라야 할 것이니라. 게다가 네가 그의 뜻을 따랐다 해서 너를 반드시 살려 보내 준다는 보장도 없지 않느냐. 위나라에서 죽을 수도 있는데 이렇게 된다면 모든 게 헛수고이지 않겠느냐?"

--- **지혜가 꼬리를 무는 역사 이야기** ---

북송 초기, 남당南唐의 서현徐鉉은 박식하고 말재주가 매우 뛰어나기로 유명했다.

한번은 서현이 조공을 바치기 위해 송나라로 가게 되었다. 서현에 대한 소문을 익히 들은 송나라 재상 조보趙普는 누구에게 그의 대접을 맡길지 고민하다 송宋 태조太祖에게 물었다. 태조는 이리저리 생각하더니 궁에 앉아있던 재상 열 명에게 부리는 하인의 이름을 종이에 써 내라고 한 뒤 아무 이름이나 골라 동그라미를 쳤다. 그 자리에 있던 재상들은 태조의 행동에 크게 놀랐으나 아무도 감히 이의를 제기하지 못했고 뽑힌 하인에게 서둘러 길을 떠나게 했다.

송나라에 도착한 서현은 사람들을 만나자마자 청산유수로 말을 이어갔고 그를 본 이들은 하나같이 유려한 말솜씨에 넋을 잃었다. 그러나 일자무식에 말솜씨도 변변치 못한 하인은 그저 서현의 말에 고개를 끄덕거릴 뿐 입도 뻥긋하지 못했다. 서현은 상대가 어떤 자인지 모르고 그와 깊은 이야기를 나누고 싶어 하였다. 그러나 며칠이 지나도록 하인은 말 한 마디 하지 않았다.

이에 서현도 송나라에 머무는 동안은 입을 열 일이 없게 되었다. 서현이 떠나자 송 태조는 다음과 같이 말했다. "서현은 고금의 학문에 능통하고 말재주가 뛰어나다. 만약 내가 박식하고 변론에 능한 유생을 그에게 보내 함께 논쟁을 하도록 했다면 불로 불을 끄고 물로 물을 막는 꼴이 되어 역효과를 냈을 것이다. 하지만 언변에 재주가 없는 자를 보내니 서현 그자가 스스로 흥미를 잃고 한 발 물러나지 않았는가. 이게 바로 싸우지 않고도 적을 굴복시키는 병법이지."

처음
시작하는
장자

6
그대는
물고기가 아닌데
어찌 물고기의 즐거움을
안다 하는가

마음으로만 깨달을 수 있을 뿐 말로는 전하기 어렵다

只可意會 不可言傳(지가의회 불가언전)

세상에 도를 귀히 여겨 찾는 데에는 책이 있어야 한다. 하지만 책은 말을 기록해 놓는 데 불과하고 말이 귀히 여기는 것은 뜻이다. 뜻은 추구하는 바가 있는데 그 뜻이 추구하는 바는 말로는 전할 수가 없다. 그러나 세상 사람들은 말을 귀하게 여겨 책을 전한다. 세상 사람들이 비록 그것을 귀히 여기나 오히려 귀하게 여길 것이 못 된다. 그들이 귀하게 여기는 것은 진정 귀한 것이 아니다.

─────────

세상 사람들이 귀하게 여기는 것은 단지 책에 쓰인 글에 불과하다. 하지만 뜻의 본질은 말로 설명할 수 없고 말로 전하기 어려우며 따라서 진정 귀한 것이 아니다. 장자는 다음과 같은 이야기로 이러한 이치를 설명하였다.

하루는 윤편輪扁(수레바퀴를 깎는 일을 직업으로 하는 사람)이 수레바퀴를 깎다가 대청 위에서 책을 읽고 있는 제齊 환공桓公을 보더니 다가가 물었다. "공께서 읽고 계신 책은 무엇입니까?" "성인의 말씀이니라." "성인은 아직 살아 계십니까?" "아니다. 이미 돌아가셨다." "그럼 공이 읽고 계신 책은 옛 사람의 찌꺼기에 불과합니다!" 제 환공은 그 말에 매우 화를 내며 소리쳤다. "내가 읽는 책에 대해 네 까짓것이 뭘 안다고 감히 참견이냐! 합당한 이유를 말하지 못하면 내 당장 너를 죽이리라." 윤편은 놀란 기색도 없이 그의 말에 답했다. "그럼 제가 하는 일에 빗대어 말씀드리겠습니다. 저는 수레바퀴를 깎을 때 느리면 헐렁해서 꼭 끼이지 못하고 빨리 깎으면 빡빡해서 들어가지 않습니다. 느리지도 않고 빠르지도 않는 것은 손에 익숙하여 마음에 응하는 것이라 입으로는 표현할 수가 없습니다. 그 사이에는 익숙한 기술이 있는 것이나 저는 그것을 제 자식에게 가르칠 수가 없고 제자식도 그것을 저에게 배워갈 수가 없어서 이렇게 제 나이 일흔이 되도록 수레바퀴를 깎고 있습니다. 옛날 성인도 마찬가지로 깨달은 바를 전하지 못하고 죽었을 것입니다. 그러니 공께서 읽으시는 것도 옛날 사람의 찌꺼기에 불과하지 않겠습니까?"

─────── **지혜가 꼬리를 무는 역사 이야기** ───────

명나라 주지병周之屛이 남쪽지역의 관리로 있을 때, 장거정張居

正은 토지 조사와 농지에 대한 대대적인 장량丈量을 시행하라는 명을 내렸다. 당시 관리들은 요족瑤族과 동족侗族 지역의 농경지에 대해서는 장량을 실시하지 않아도 된다고 생각했고 북방 소수민족을 담당하고 있던 각급 관리들도 같은 생각이었다. 이에 장거정은 "그대들은 그저 장량에 대해서만 신경 쓰면 되오."라며 언성 높여 질책했다. 그 말을 들은 주지병은 장거정에게 예를 갖춰 절을 하고는 밖으로 나갔다. 그러자 나머지 관리들은 수군거리며 자리를 떠나지 않았다. 장거정은 얼굴에 웃음을 띤 채 말했다. "방금 밖으로 나간 사람은 나의 뜻을 제대로 읽은 자이다."

모두가 밖으로 나간 뒤 장거정은 주지병을 찾아가 아까 왜 그런 행동을 했는지 물었다. 그러자 주지병은 말했다. "재상께서 지금 토지 장량을 하는 것은 법도를 통일시켜 나라를 제대로 다스리기 위함이라 생각했습니다. 장량을 하되 저희들은 실제 상황에 맞춰 융통성 있게 일을 처리하면 되겠지요! 이는 마음으로는 깨달을 수 있어도 말로는 전할 수 없습니다. 재상께서 저희들에게 어찌 어떤 지역은 장량을 하고 어떤 지역은 하지 말라고 할 수 있겠습니까?"

쓸모없어 보이는 것이 때로는 어느 것보다 유용하게 쓰인다

無用之用(무용지용)

나는 쓸모없어진 지 이미 오래되었는데 몇 번의 죽을 고비를 넘기고 인제 야 쓸모가 있어졌으니 쓸모없음이 나의 가장 큰 쓸모일세. 만약 내가 진정 쓸모가 있었다면 이처럼 클 수 있었겠나?

―――――――――

어느 날 유명한 목수가 많은 제자들을 데리고 제나라에 공사를 하기 위해 가고 있었는데 가는 도중 무덤 옆에 서 있는 둘레가 백 척은 되어 보이는 엄청난 나무 한 그루를 보았다. 이 나무는 마을을 지나가는 여행객들이 꼭 보고 싶어 하는 마을의 자랑거리였다. 하지만 목수가 나무를 보고는 본체도 않고 지나가자 궁금해진 제자들이 그에게 물었다. "스승님, 저희가 스승님과 함께 목공 일을 배우며 여러 곳을 돌아다녔지만 저렇게 큰 나무는 본 적이 없습니다. 그런데 스승님은

6장. 그대는 물고기가 아닌데 어찌 물고기의 즐거움을 안다 하는가

어인 일로 구경조차 하지 않는지요?" 그러자 목수가 대답했다. "그런 말 하지마라! 저 나무는 전혀 쓸모가 없다! 배를 만들면 곧 가라앉아 버릴 것이요, 관을 짜면 곧 썩어 버릴 것이며 그릇을 만들면 바로 못쓰게 될 나무를 봐서 무엇 하느냐? 아무 쓸모가 없으니 이처럼 오래 장수를 할 수 있는 거다."

그날 밤 목수는 이상한 꿈을 꾸었다. 꿈속에 나무가 나타나 목수에게 말했다. "그대는 나를 무엇에다 비교하는가? 나를 쓸모 있다는 저 나무들과 비교하려나? 아가위나무·참배나무·귤나무·유자나무에 비교하려나? 그런 나무들은 열매가 익으면 뜯기고 기둥은 벗겨지며, 큰 가지는 잘리고 작은 가지는 꺾이고 말지. 그들은 쓸모 있기 때문에 평생을 고통 속에 신음하며 살다 요절한다네. 세상 모든 것이 마찬가지지. 나는 쓸모없어진 지 이미 오래되었는데 몇 번의 죽을 고비를 넘기고 인제야 쓸모가 있어졌으니, 쓸모없음이 나의 가장 큰 쓸모일세. 만약 내가 진정 쓸모가 있었다면 이처럼 클 수 있었겠나? 그대와 나는 다 같이 하찮은 물건에 지나지 않는데 어찌하여 상대방만을 하찮다 할 수 있겠는가? 그대처럼 죽을 날이 멀지 않은 쓸모없는 자가 어찌 쓸모없는 나무에 대해 이러쿵저러쿵한단 말인가?"

── **지혜가 꼬리를 무는 역사 이야기** ──

유방劉邦은 농민 출신으로 진秦나라의 지방 관리직을 맡고 있을 때의 일화이다.

그는 호걸을 좋아하고 선비와 유생을 멀리하며 그들을 업신여겼다. 그는 유생만 보면 욕을 했고 그들의 갓을 오줌통에 던져버리는 등 유생과 가까이 하지 않았다.

그러던 어느 날 역생酈生이란 자가 유방을 뵙기를 청했고, 침상에 누워 두 여인에게 발을 씻기게 하던 유방은 그가 어떤 자인지 시자에게 물었다. "그는 보기에 유생같이 생겼고, 유생의 옷을 입고 갓을 썼습니다." 이 말을 들은 유방은 "나는 지금 천하를 생각하느라 매우 바빠서 유생 따위와 노닥거릴 시간이 없다."라고 전했다. 이 말을 전해들은 역생은 시자에게 "다시 들어가 유생이 아닌 술친구가 찾아왔다고 전해주시겠소?"라고 부탁했다. 그 말을 전해들은 유방은 즉시 자리에서 일어나 그를 만났다.

유방은 황제의 자리에 오른 뒤에도 여전히 천하를 가지겠다는 꿈을 버리지 않고 『시詩』, 『서書』를 멀리하며 쓸모없는 것으로 여겼다. 이에 대신 육고陸賈는 물었다. "천하를 차지하게 된 지금 바로 치국治國을 할 수 있겠습니까?" 이는 지금은 유생이 필요치 않더라도 치국을 하는 데에는 반드시 쓸모가 있을 거라는 의미였다. 육고의 말을 들은 유방은 바로 그 뜻을 깨닫고 귀감으로 삼았다.

그대는 물고기가 아닌데
어찌 물고기의 즐거움을 안다 하는가

子非魚 安知魚之樂(자비어 안지어지락)

장자와 혜자가 호수 다리 위를 걷고 있었다. 혜자가 묻길 "그대는 물고기가 아닌데 어찌 물고기의 즐거움을 안다 하는가?"하였고, 이에 장자는 "그대는 내가 아닌데 어찌 내가 물고기의 즐거움을 모른다는 것을 아는가?"라고 했다.

혜시는 선진명가의 대표 인물이며 장자의 절친한 친구로서 그와 함께 종종 토론을 벌였다. 『장자』는 혜시와 장자가 벌인 유명한 변론을 많이 싣고 있으며 이는 고금을 막론하고 많은 사람들의 사랑을 받고 있다. 그 중에서도 호수濠水 다리 위에서의 대화는 매우 유명하다. 장자는 호수 다리 위를 거닐다가 혜시에게 말했다. "피라미가 한가롭게 헤엄치고 있군요. 이것이 피라미의 즐거움입니다." 그러자 혜

시는 말했다. "그대는 피라미가 아닌데 어찌 피라미가 즐거운지 아십니까?" "그대는 내가 아닌데 내가 피라미의 즐거움을 알지 못한다는 것을 어찌 아십니까?" "내가 그대가 아니니 물론 그대를 알 수는 없습니다. 마찬가지로 그대도 피라미가 아니니 피라미가 즐거운지 알 수 없는 게 분명하지요." 혜시의 말에 장자가 말했다. "처음으로 다시 돌아가 말해 봅시다. 자네가 방금 '그대가 어찌 피라미가 즐거운지 아십니까?'라고 했을 때 그대는 이미 내가 그것을 안다는 것을 알고 물은 것이지요. 나는 피라미의 즐거움을 다리 위에서도 알 수 있습니다!"

논리적으로 보면 사람과 물고기는 본래 다른 동물이며 사람이 물고기의 마음을 안다는 것은 말이 안 되므로 혜시가 변론에서 이긴 것 같다. 하지만 심미적인 각도에서 바라보면 장자의 말도 일리가 있다. 어떤 동물이든 기쁨과 고통은 느낄 것이고 사람은 동물의 행동과 표정을 살펴 그것을 알 수 있기 때문이다.

──────── 지혜가 꼬리를 무는 역사 이야기 ────────

혜강嵆康은 행동거지가 고상하고 풍모가 비범하여 16세에 위魏 명제明帝의 총애를 받아 심양沈陽의 관리를 맡았다. 왕융王戎은 혜강과 이십년 지기 친구였으나 한 번도 그의 얼굴에서 희로애락의 표정을 읽은 적이 없었다. 혜강은 비록 유학자 집안 출신이었지만 다양한 학문을 배우고 익히기를 좋아했고 여러 사상을 깊이 이해했다.

하지만 나중에는 노장사상을 숭배하여 속박 받지 않는 자연스러운 삶을 숭배했다. 혜강은 언제나 버드나무 아래서 쇠를 두드렸는데 어느 날은 사마씨司馬氏의 심복 종회鐘會가 찾아와 그에게 현묘한 도의 가르침을 청했다. 그러나 혜강은 아무런 대꾸도 없이 그저 쇠 두드리는 일에만 열중했다. 그리고 잠시 뒤 그의 행동을 이해하지 못하겠단 얼굴로 자리를 지키고 있는 종회에게 "그대는 물고기가 아닌데 어찌 물고기의 즐거움을 안다 하는가?"라는 말을 남겼다. 종회는 잠시 생각에 잠겼다가 바로 자리를 떠나려는데 혜강이 그에게 입을 열었다. "무엇을 듣고 찾아와 무엇을 보고 돌아가는가?" 종회가 말했다. "들은 것을 듣고 왔으며, 본 것을 보고 갑니다." 그러나 돌아가고 나서 그는 사마씨에게 혜강에 대해 안 좋은 말을 늘어놓았다. 이에 혜강은 사마씨의 권세를 탐하려 했다는 죄명으로 붙잡혀 죽음을 앞두게 되었다. 도성의 학자들이 그 소문을 듣고 혜강을 구하기 위해 달려갔으나 실패했다. 혜강은 거문고로 『광릉산光陵散』이란 비장한 곡을 남기고 죽었다.

유능한 사람일수록 많은 일을 한다

能者多勞(능자다로)

교묘한 재주를 가진 자는 수고로운 일이 많고 많이 아는 사람은 걱정이 많다. 무능한 자는 바라는 것이 없으며 배불리 먹고 마음껏 노는 것이 마치 줄을 매어 놓지 않은 배처럼 소요한다.

정나라 열어구列禦寇는 열자列子라는 이름으로 더 유명하다. 그는 홀로 제나라에 갔다가 다시 정나라로 돌아오는 길에 은사隱士 백혼무인伯昏瞀人을 만났다. 그가 열자에게 물었다. "왜 다시 돌아왔습니까? 무슨 일이라도 있었습니까?" "매우 두렵습니다." "무엇이 그리 두렵습니까?" 열자가 말했다. "제 마음속에 성실성이 있는지 없는지 제대로 알지 못하면서 겉모양만으로 남에게 훌륭하게 보여 사람들의 마음을 끌고, 또 사람들이 아직 나이 어린 저를 노인 대하듯 깍듯하게 대

하니 마음이 어지러워졌습니다. 음식을 파는 사람들은 초가집을 엮어 죽으로 끼니를 이어가는 듯 했으며 돈벌이도 변변찮아 보였습니다. 그런데 이런 음식점 주인도 나같이 보잘것없는 사람을 극진히 대한다면 나랏일에 몸이 지치고 지혜가 바닥이 난 군주가 어찌 저를 가만히 두려고 하겠습니까? 반드시 저에게 나랏일을 맡긴 다음 실적을 올릴 것을 요구할 것입니다. 그것이 제가 놀란 까닭입니다." 백혼무인이 말했다. "잘했습니다. 자신의 재능을 밖으로 드러내는 것보다 숨기는 것이 더욱 힘들지요. 세상 사람들이 당신을 찾아가 가르침을 구할 것입니다."

그러나 그 일이 있은 후 며칠 뒤 백혼무인이 열자의 집에 가보니 문 앞에 사람들 신발이 가득했다. 그는 북쪽을 향해 지팡이에 턱을 괴고 한참 서 있다가 아무 말 없이 나갔다. 밖에서 손님을 안내하던 사람이 그 사실을 열자에게 알렸다. 열자는 맨발로 달려 나가 백혼무인에게 물었다. "어찌 저희 집까지 오셨다가 약이 될 가르침 한 마디 주시지 않고 가려하십니까?" 그러자 백혼무인이 말했다. "무슨 말이 필요하겠소? 제가 예전에 말했듯이, 오늘 집을 찾아가 보니 세상 사람들이 당신에게 가르침을 얻고자 몰려들었습니다. 하지만 그에 득의양양할 필요 없습니다. 당신이 매력이 넘쳐서 사람들이 찾아온 게 아니라 당신이 남의 눈에 띄는 부자연스러운 행동을 했기 때문입니다. 그와 같이 남의 마음을 끌려고 한다면 무위자연의 본성을 뒤흔드는 것이 됩니다. 또한 당신과 사귀는 무리들은 당신이 도인道人이나 되는 줄 알고 모여든 것이므로 당신에게 충고의 말을 해줄 리가 없습니다. 그들의 말이 사람을 해치는 쓸데없는 말임을 깨닫지 못한다면 그 사람들과 사귄들 무엇 하겠습니까?"

지혜가 꼬리를 무는 역사 이야기

당唐 현종玄宗 말기 재정이 궁핍해져 갔고, 문무백관들은 마음이 다급해져 난관을 극복하기 위한 대책 마련에 들어갔다. 현종은 문제의 위급함을 느끼고 이적지李適之와 이임보李林甫라는 두 재상에게 해결책을 마련하라는 특명을 내렸다.

이임보는 가마 속에 빠진 개미처럼 허둥대는 이적지를 보고는 계책을 생각했다. 이임보는 이적지에게 화산華山에 금광이 있으니 채굴하면 궁중의 재정을 늘릴 수 있을 것 같다고 말했다. 그리고는 "그대의 글재주가 남들보다 뛰어나니 능히 할 일이 많습니다. 황제께 화산의 금광이 있다는 글을 올리는 게 어떻소?"라고 말하였다. 말이 끝나기가 무섭게 이적지는 더 물어볼 것도 없이 집으로 돌아가 글을 올려 화산의 금광으로 재정을 늘리자고 했다. 현종은 이적지의 글을 받아들고는 이임보를 불러 의견 물었다. 이임보는 그 말에 놀라 짐짓 머뭇거리는 척했다. "무슨 일인가? 어서 말하게." 사실 화산에 금광이 있다는 사실은 알고 있었습니다. 하지만 화산은 황실의 맥이 흐르는 곳이라서 한 번 지맥이 끊어지면 전하의 생명이 위태로워질까 두렵

6장. 그대는 물고기가 아닌데 어찌 물고기의 즐거움을 안다 하는가

습니다."

　이적지는 하루 종일 고심하여 조정에 올릴 글을 썼으나 좋은 결과를 가져오기는커녕 헛수고만 한 게 되었다. 그 이후 현종은 이임보를 더욱 신임하게 되었고 이적지를 눈엣가시처럼 대하게 되었다. 얼마 뒤 현종은 갖은 구실로 이적지의 관직을 삭탈시켰다. 이임보의 계략이 딱 맞아 떨어진 셈이다.

가는 것을 보내고
오는 것을 맞이하다

送往迎來(송왕영래)

나는 아무 의심이나 생각 없이 바보처럼 행동했다. 의식 없이 변화하는 대로 가는 것은 보내고 오는 것은 맞이했다. 그리하여 오는 것을 막지 않고 가는 것을 잡지 않았다.

전국시대 초나라 왕은 북궁사北宮奢에게 종을 만들게 했다. 종은 반드시 일곱 가지 보물을 사용하여 멀리까지 청아한 소리가 울려 퍼지도록 만들어야 했다. 그러기 위해서는 엄청난 돈이 필요했지만 왕은 그에게 한 푼도 내어주지 않았고 북궁사는 세금을 걷어 경비를 마련하는 수밖에 없었다. 북궁사의 친구 왕자경王子慶은 종을 주조할 경비가 없어 왕명을 받들지 못할까 심히 걱정이 되었다. 그런데 얼마 후 종 틀이 세워지더니 3개월쯤 지나자 종이 완성되었다는 말을 듣게 되

6장. 그대는 물고기가 아닌데 어찌 물고기의 즐거움을 안다 하는가

었다.

왕자경은 매우 괴이하다고 여겨 북궁사를 찾아가 도대체 어떻게 경비를 마련했는지 물었다. 그러자 북궁사는 다음과 같이 말했다. "나는 단지 종을 만들어야겠다는 마음만 가지고 있었고 특별한 방법은 쓴 게 없다네. '구슬이라는 것은 깎고 쪼고 함으로써 본연의 소박함으로 복귀한다는 말이 있지 않나? 사람들이 하나둘 모이기 시작했고 나는 아무 의심이나 생각 없이 행동했네. 의식 없이 변화하는 대로 가는 것은 보내고 오는 것은 맞이했지. 그리하여 오는 것을 막지 않고 가는 것을 잡지 않았네. 나를 배반하는 사람들은 그대로 놔두고 유순히 따르는 사람들 또한 자연스럽게 나두었네. 그리하여 아침저녁으로 세금을 거두어 들여도 터럭 끝만큼도 백성들에게 피해를 주지 않았지. 그러니 하물며 큰 도를 터득한 분은 어떻겠나?"

─────── 지혜가 꼬리를 무는 역사 이야기 ───────

768년 당나라의 지방 관리 설운薛鄖은 어여쁜 딸을 얻었는데 고심 끝에 이름을 설도薛濤라고 지었다.

얼마 뒤 설운은 관직에서 물러나 지방에 내려가 딸을 교육시키는 낙으로 살았다. 설도는 어릴 적부터 시 짓는 재주가 뛰어났다. 여덟 살 때 설도는 앞뜰의 무성한 오동나무 숲을 보고 '영오동詠梧桐'이란 제목으로 시를 읊기 시작했다.

<ruby>庭<rt>정</rt></ruby><ruby>除<rt>제</rt></ruby><ruby>一<rt>일</rt></ruby><ruby>古<rt>고</rt></ruby><ruby>桐<rt>동</rt></ruby>　　앞뜰에 오래된 오동나무를 제외하고

<ruby>聳<rt>용</rt></ruby><ruby>干<rt>간</rt></ruby><ruby>入<rt>입</rt></ruby><ruby>雲<rt>운</rt></ruby><ruby>中<rt>중</rt></ruby>　　모두 구름 위로 우뚝 솟았구나.

　　이 두 구의 시는 세상의 흐름에 따르지 못하는 이의 마음을 표현한 것이었다. 설운은 딸의 두 구를 듣고서는 계속 이어보라고 했다. 설도는 눈을 깜빡거리더니 곧이어 입을 열었다.

<ruby>枝<rt>지</rt></ruby><ruby>迎<rt>영</rt></ruby><ruby>南<rt>남</rt></ruby><ruby>北<rt>북</rt></ruby><ruby>鳥<rt>조</rt></ruby>　　가지는 지나는 새 마중을 하고

<ruby>葉<rt>엽</rt></ruby><ruby>送<rt>송</rt></ruby><ruby>往<rt>왕</rt></ruby><ruby>來<rt>래</rt></ruby><ruby>風<rt>풍</rt></ruby>　　잎새는 오가는 바람을 배웅하는구나.

　　이 두 구는 단지 경치를 읊었을 뿐인데도 매우 생동감 넘쳤다. 하지만 설운은 이 시가 오는 이 막지 않고 가는 이 붙잡지 않는 화류계의 기녀가 될 딸아이의 미래를 암시하는 것 같아 두려웠다. 그리고 설운의 예감은 적중했다.

　　설도는 열네 살 되던 해에 돌연 아버지를 여의고 혼자가 되어 자신의 아리따운 외모와 뛰어난 시 짓는 솜씨를 뽐 낼 수 있는 기녀가 되어 술을 따르고 노래와 시를 읊으며 살게 된다.

　　설도는 비록 기녀가 되었지만 그녀의 시 짓는 솜씨는 매우 뛰어나 많은 문인들과 교류하였다. 백거이白居易·우승유牛僧孺·영호초令狐楚·배경裴慶·장적張籍·두목杜牧·유우석劉禹錫 등 당대의 유명한 문인들이 그녀와 함께 시를 짓고 술을 마셨다.

절망보다
더 큰 슬픔은 없다

哀莫大於心死(애막대어심사)

공자께서 말씀하시기를 "아! 그것은 분명히 알아두어야 할 것이다. 대개 사람의 슬픔 중에 마음이 죽는 것보다 더 큰 슬픔은 없을 것이요, 육체의 죽음은 그 다음이다. 해는 동쪽에서 떠서 서쪽으로 지고 만물이 태양을 따라 움직이니 눈이 있고 발이 있는 모든 생물은 이 해가 뜨기를 기다려 제각기 할일을 하는 것이다. 해가 뜨면 일하고 해가 져서 할 일이 없어지면 쉬고 만물은 모두 이렇게 조화造化에 따라 삶이 있고 죽음이 있으니 사람이 이러한 자연의 순리를 따른다면……"이라고 하였다.

───────────

하루는 안회顔回가 공자에게 물었다. "스승님이 걸음을 늦추시면 저도 걸음을 늦추고 스승님이 걸음을 재촉하시면 저도 걸음을 재촉하고 스승님이 뛰시면 저도 따라서 뜁니다. 허나 스승님이 마치 공

중부양이라도 하신 듯 빠르게 뛰시면 저는 그저 뒤에서 멀뚱멀뚱 바라볼 뿐입니다." 공자가 되물었다. "그게 무슨 말이냐?" 그러자 안회가 말했다. "제 말인즉슨 저는 항상 스승님과 행동을 같이 한다는 것입니다. 스승님께서 뭐라 말씀하시면 저도 그렇게 이야기하고 스승님이 사리를 판별하면 저 역시 스승님을 따라 판별하고 스승님이 도를 설법하시면 저도 따라서 도를 이야기합니다. 하지만 스승님은 아무 말씀을 하지 않고도 사람들의 신임을 얻고 특별히 노력하지 않아도 스승님을 따르는 이가 많고 관직에 있지 않으면서도 사람들을 끌어모으시니 이럴 때면 저는 도무지 어떻게 해야 할 바를 모르겠습니다."

안회의 말을 듣고 공자는 말했다. "아! 그것은 네가 분명히 알아두어야 할 것이다. 사람의 슬픔 중에 마음이 죽는 것보다 큰 슬픔은 없을 것이요, 육체의 죽음은 그 다음이다. 해는 동쪽에서 떠서 서쪽으로 지고 만물이 태양을 따라 움직이니 눈이 있고 발이 있는 모든 생물은 이 해가 뜨기를 기다려 제각기 할 일을 하는 것이다. 한데 너는 나의 말이나 행동만을 볼 뿐이요, 밖으로 드러나는 말과 행동은 이미 다 지나가고 마는 것이다. 그러하거늘 너는 눈에 보이는 것을 쫓는 데만 마음을 쓰고 있으니 이는 마치 텅 빈 시장에서 말을 찾는 것과 같다. 내가 너에게 준 가르침을 모두 잊어라. 나도 네가 그것을 배웠다는 사실을 모두 잊을 것이다. 네가 과거의 나를 잊는다 하더라도 나에게는 영원히 잊히지 않을 무엇인가가 있느니라."

춘추시대 주周 양왕襄王은 소공과召公過와 내사과內史過를 보내어 진晉 혜공惠公에게 서옥瑞玉(옛날 천자가 제후에게 내린 옥으로 만든 신물)을 내렸다. 그러나 진대부晉大夫 여생呂甥과 극예郤芮는 진 혜공을 따라 예를 갖출 때 그 태도가 정중하지 못하였고 진 혜공 역시 예기禮器(제사나 접대 따위의 의식에 쓰이는 그릇)를 낮게 들었으며 계수稽首(무릎을 꿇고 머리를 땅에 대는 것으로 최고의 존경을 뜻함)의 예를 다하지 않았다. 낙양洛陽으로 돌아온 내사과는 주 양왕에게 이렇게 고하였다. "진晉나라가 망하지 않을지라도 진나라 군주는 반드시 그 후사가 없을 것이며 여생과 극예도 장차 화를 면치 못할 것입니다." 주 양왕이 물었다. "왜 그렇게 생각하느냐?" 내사과가 대답하였다. "진후晉侯는 즉위한 지 얼마 지나지 않아 이웃 나라의 제후와 대신들과의 약속을 저버리고 자신과 함께 거사한 신하들을 살해하였습니다. 이는 신의를 저버리는 것이지요. 또한 천자가 내리는 명에 예를 다하지 않음은 예법을 저버리는 것이며 자신이 싫어하는 일을 남에게 강요함은 충서의 도를 저버리는 것입니다. 마음속에 악한 생각이 가득함은 곧 순결을 저버리는 것이기도 합니다. 진후는 신의와 예절·충서·순결을 모두 저버렸으니 관계가 소원한 자들과는 교류를 할 수 없을 것이며 가까운 사람들과도 화합하기 어려울 것입니다. 오늘날 천자께서 이렇게 큰 명예를 하사하셨음에도 그는 오만 불손한 태도를 보였지요. 마음이 죽는 것보다 더 큰

슬픔은 없다 하였거늘 그와 같이 우둔한 자가 어찌 한 나라를 꾸려나

갈 수 있겠습니까?"

훗날 진秦나라와 진晉나라는 한원韓原에서 전투를 벌였다. 진 혜

공은 진의 포로가 되었고 여생과 극예는 진왕秦王에게 죽임을 당하였

다.

귀신을 보고
껄껄 웃다

靦然而笑(천연이소)

**환공이 기뻐하는 얼굴로 웃으며 말하기를 "그것이 바로 과인이 본 귀신이
다."라고 하였다.**

제齊나라 환공桓公이 소택지로 사냥을 나갔다가 귀신을 보게 되
었다. 그는 곧바로 옆에 있던 관중管仲에게 물었으나 관중은 아무것도
보지 못하였다고 대답했다. 넋이 반쯤 나간 채 궁으로 돌아온 환공은
그 자리에 몸져눕고 말았다.

이때 황자고오皇子告敖라는 선비가 환공을 찾아와 말했다. "폐하
께서는 스스로 병을 자초하신 것입니다. 귀신이 어찌 폐하를 해칠 수
있겠습니까? 몸속의 기가 뭉치면 영혼이 빠져나가 돌아오지 않게 됩
니다. 그렇게 되면 외부적인 충격에 맞설 정신력도 흐트러지게 됩니

다. 뭉친 기가 아래로 흐르지 않고 위로만 흐르게 되면 사람이 쉽게 화를 내게 되고 반대로 아래로만 흐르고 위로 흐르지 않으면 건망증이 생기며 위로도 아래로도 흐르지 않고 가슴속에 자리 잡으면 곧 병이 되는 것입니다." 환공이 말했다. "그럼 귀신은 있는 건가?" 황자고오는 대답했다. "있습니다. 진흙탕에는 이履라는 귀신이 있고 부엌 아궁이에는 계髻라는 귀신이 있습니다. 또 집안의 쓰레기더미에는 뇌정雷霆이라는 귀신이 살며 집의 북동쪽 모퉁이에는 배아해룡倍阿鮭龍이라는 귀신이, 북서쪽 모퉁이에는 일양泆陽이라는 귀신이 살고 있습니다. 그뿐만이 아닙니다. 물에는 망상罔象이라는 물귀신이 있고 언덕에는 '졸'이라는 귀신이 있으며 산에는 기夔라는 귀신이, 들에는 방황彷徨이라는 귀신이, 초야에는 위이委蛇라는 귀신이 있습니다." 여기까지 이야기를 듣던 환공은 황급히 물었다. "위이라는 귀신은 어떻게 생겼는가?" 황자고오가 대답했다. "위이는 그 몸통이 수레바퀴만하고 길이가 끌채만하며 자주색 옷을 입고 붉은 모자를 썼습니다. 이놈은 수레 달리는 소리를 제일 싫어해 그 소리만 들으면 두 손으로 머리를 들고 섭니다. 이 귀신을 본 사람은 천하의 패권을 잡는다고 합니다."

환공은 이 이야기를 듣고 껄껄 웃으며 말했다. "그게 바로 내가 봤던 귀신이다." 그러더니 환공은 옷과 관을 추스르고 앉아 황자고오와 이야기를 나누기 시작했고 그의 병은 하루도 지나지 않아 말끔히 사라졌다.

화산華山의 창룡령蒼龍嶺에는 '한유韓愈가 투서한 곳'이라 이름 붙여진 험준하기로 유명한 장소가 있다. 당대의 저명한 시인이었던 한유는 당唐 헌종憲宗에게 불골표佛骨表를 올려 임금의 노여움을 사게 되었고 그 결과 조주潮州로 좌천되었다. 조주로 가는 길에 화산을 지나다 호기심이 발동한 한유는 그 길로 창룡령에 올랐다.

그러나 막상 올라가 보니 길이 좁고 미끄러운 것이 딱히 발붙일 곳이 없었다. 양 옆에는 그 끝을 알 수 없는 깊은 골짜기가 에워싸고 있었고 앞은 깎아놓은 듯한 산봉우리들이 비죽이 솟아있을 뿐이었다. 뒤를 봐도 상황은 마찬가지였다. 살아서 돌아갈 길이 없다고 생각한 한유는 고개에 그대로 주저앉아 소리 내어 울고 말았다.

잠시 후 마음을 조금 진정시킨 그는 시 한 수와 유서를 쓴 후 벼랑으로 던져 구조 요청을 하였다. 이 사실을 알게 된 화음華陰의 현령縣令은 사람을 보내어 비단 이불로 한유를 감싸고 밧줄에 매달려 산을 내려올 수 있도록 하였다.

그 후 산시山西의 조문비趙文備라는 한 노인이 창룡령에 올라 한유의 이러한 일화를 전해 듣고 껄껄 웃으며 말했다. "백 살 먹은 이 노인네도 이곳까지 올라오는데 한유는 왜 그리 겁을 냈을꼬?" 그러고는 사람을 시켜 바위 위에다 '창룡령 한퇴지韓退之(한유의 자)가 크게 울며 집에 작별을 고하고 백 살 노인 조문비가 한유를 비웃은 곳'이라 새겨

놓았다.

청대淸代에 와서 이백李柏이라는 사람이 이곳을 찾았는데 앞의 두 가지 일화에 영감을 받아 다음과 같은 시를 지었다.

華之險 岭爲要 화산의 험준함은 창룡령이 제일이구나.

韓老哭 趙老笑 한韓 노인은 울고 조趙 노인은 웃으니

一哭一笑傳二妙 그 울고 웃음이 절묘하게 전해지는구나.

李柏不哭也不笑 이백은 울지도 않고 웃지도 않고

獨立岭上但長嘯 다만 홀로 창룡령에 서서 휘파람을 부는구나!

각기 다른 시대를 살았던 그들이 이곳에서 한 사람은 울고 한 사람은 웃고 또 다른 한 사람은 휘파람을 불었다하니 화산의 매력에 대한 설명이 더 이상 뭐가 필요하겠는가!

도둑에게도
도둑 나름의 도가 있다

盜亦有道(도역유도)

도척의 부하가 도척에게 묻기를 "도적에게도 지켜야할 도가 있습니까?"라고 하였다.

춘추시대 도척盜跖이라는 유명한 도적이 있었다. 도척은 패거리를 이끌고 장기간 제나라 각지를 돌아다니며 재물을 약탈하였다. 하루는 한 부하가 그에게 물었다. "성인聖人에게는 성인의 도道가 있다 들었습니다. 저희와 같은 일을 하는 사람들에게도 마땅히 지켜야할 도가 있습니까?" 도척은 대답하였다. "모든 일에는 다 나름의 도가 있는 법이다. 도가 없다면 어떻게 크게 발전할 수 있겠느냐? 우리에겐 성聖·용勇·의義·지知·인仁 이렇게 다섯 도가 있다. 좀도둑이라면 도둑질을 하기 전에 목표 대상의 사정을 먼저 살피고 조사하는 것이 순서

지. 하지만 우리는 누구의 집안에 얼마만큼의 재물이 숨겨져 있는지 직감으로 알 수 있으니 이것이 바로 성이요, 또 희생을 두려워하지 않고 병사보다 발 빠르게 돌진하니 이것이 용이요, 약탈에 성공한 후 자발적으로 후방으로 물러나 동료가 먼저 달아날 수 있도록 엄호하니 이것이 의요, 기회를 보아가며 행동하고 적당한 때에 멈출 줄 아니 이것이 지이며, 공로에 따라 공평하게 장물을 분배하니 이것이 인이다. 이 다섯 가지 덕목을 알지 못하고 이에 걸맞은 품성을 갖추지 못한다면 좀도둑은 될 수 있을는지 몰라도 큰 도적이 되기란 불가능한 일이다."

지혜가 꼬리를 무는 역사 이야기

수隋나라 말기 여러 영웅들 간의 끊이지 않는 세력 다툼으로 세상이 매우 어지러울 때에 이정李靖이라는 자가 평범한 백성의 신분으로 조정의 대신 양소楊素를 만나러 갔다. 그런데 뜻밖에도 양소의 시첩 홍불紅拂이 이정의 재능을 사모하게 되었고 그날 밤 그녀는 이정과 함께 사랑의 도피를 감행하게 된다. 수도에서 도망쳐 나오는 길에 그들은 구레나룻을 길게 드리운 한 사내와 만나게 되었다. 그는 자신을 장씨 집안 셋째 아들이라고 소개했을 뿐 끝내 이름을 밝히지 않았다.

술을 마실 때 그는 정성스럽게 술안주를 내놓으며 말했다. "이것은 천하의 배신자의 심장이오. 내 십 년간 그를 좇아 오늘에서야 비로소 그자의 목을 베고 놈의 심장을 꺼내 원한을 풀었다오." 사내는 자신이 모아둔 모든 금은보화를 이정에게 건네주며 진왕秦王 이세민 李世民이라면 반드시 태평천하를 이룰 수 있을 것이니 그를 도와 공훈을 세우고 업적을 쌓으라고 말했다. 이정은 사내에 대해 자세히 알지는 못했지만 그의 행동이나 가진 돈으로 보아 분명 악명 높은 해적이었을 것이라 생각했다.

훗날 이정은 그 사내가 준 돈으로 이세민을 도와 당唐나라를 건설하였다. 태평천하를 이룩한 뒤 구레나룻 사나이는 수천 대의 배와 십만 군대를 이끌고 부여국扶餘國으로 가 그 왕을 죽이고 자신이 왕이 되었다. 이 구레나룻 사나이야말로 '도역유도盜亦有道'를 아는 진정한 의적이 아니었을까? 그의 이야기는 당나라 두광정杜光庭의 저서 『규염객전虯髯客傳』에 기록되었다.

되는대로 말하고
되는대로 듣다

姑妄言之 姑妄聽之(고망언지 고망청지)

내가 되는대로 말을 할 것이니 너도 되는대로 들어라.

하루는 제자 구작자瞿鵲子가 스승인 장오자長梧子에게 말했다.
"여러 도리에 관해 스승님께서 해주신 말씀은 저에게 너무나도 큰 도
움이 되었습니다. 스승님께서 별 뜻 없이 내뱉으신 말도 저에게는 구
구절절이 훌륭한 말씀이었습니다. 그러니 저에게 더 많은 말씀을 전
해주십시오." 그러자 장오자가 말했다. "그리 좋기만 한 것이 어디 있
겠느냐! 참된 도리란 말로 표현하기가 어려운 것이다. 제아무리 성인
이라 할지라도 사람들이 전부 이해할 수 있도록 도리를 전하기란 쉽
지 않은 일이거늘 하물며 나는 어떠하겠느냐! 나는 네가 너무 성급한
것은 아닌가 싶구나. 고작 내가 한 몇 마디 말만을 듣고 그것을 현묘한

6장. 그대는 물고기가 아닌데 어찌 물고기의 즐거움을 안다 하는가

이치로 여겨 실천에 옮기려하니 말이다. 이는 곧 달걀을 보고 새벽을 알리는 수탉을 얻고자 함이요, 탄환을 보고 새 구이를 찾는 것과 같은 것이니라. 내 지금 되는대로 말을 할 터이니 너도 되는대로 한번 들어 보거라."

지혜가 꼬리를 무는 역사 이야기

송나라의 소동파는 여러 분야에 예술적인 재능을 갖췄으며 실제로 시·산문·서화 방면에 고루 뛰어난 업적을 남겼다. 『애자艾子』라는 제목의 해학이 가득한 작품도 소동파가 여러 방면의 소재를 모아 재구성하여 만든 이야기책이라고 한다.

소동파가 해남도 담주로 좌천되었을 때의 일이다. 그곳은 워낙 외지고 황량한 곳이라 딱히 공무라고 할 만한 일이 없었다. 그래서 자연히 한가할 때가 많았고 소동파는 이 시간들을 이용해 책을 읽고 글을 쓰는 것 외에도 동료들과 담소 나누기를 즐겼다. 그렇게 오랫동안 소동파는 친구들에게 많은 이야기를 청해들었다.

시간이 지나 친구들이 가진 이야깃거리가 바닥이 나자 소동파는 그곳을 방문하는 손님에게 이야기를 청했다. 손님이 말을 돌리며 알고 있는 이야기가 없다고 대답할 때면 소동파는 거듭 간청하며 말했다. "姑妄言之(고망언지)! 姑妄言之(고망언지)!"

되는 대로 말하라는 뜻이다. 그가 이 말을 하면 사람들은 모두 배꼽을 잡고 웃으며 소동파에게 이런저런 이야기를 들려주었고 이야기를 마친 후 서로 웃는 낮으로 기분 좋게 헤어졌다. 그러다 방문객이 없는 날이면 소동파는 마치 병이라도 난 것처럼 기분이 좋지 않았다.

6장. 그대는 물고기가 아닌데 어찌 물고기의 즐거움을 안다 하는가

질그릇을 두드리며
노래 부르다

鼓盆而歌(고분이가)

장자의 아내가 죽자 혜자가 조문을 갔는데 장자가 책상다리를 하고 앉아 질그릇을 두드리며 노래하고 있었다.

장자의 아내가 죽었다는 소식을 듣고 혜자가 조문을 갔다. 그런데 장자는 책상다리를 하고 앉아 질그릇을 두드리며 노래를 부르고 있었다. 옛날 사람들은 무릎을 꿇어 엉덩이를 발뒤축에 대고 앉는 것을 기본으로 하였다. 책상다리를 하고 앉는 것은 비교적 자유로운 자세였다. 혜자는 장자의 모습을 보고 탐탁지 않게 여기며 말했다. "당신과 함께 살면서 자네 아이들을 낳아 기르던 아내가 세상을 떠났습니다. 눈물을 흘리지 않는 것은 그렇다 치더라도 이렇게 질그릇을 두드리며 노래를 부르는 것은 좀 너무하지 않습니까!" 장자가 말했다.

"그런 게 아닙니다. 나라고 어찌 아내의 죽음이 슬프지 않겠습니까? 허나 인간은 본래 생명도, 형체도, 정신도 없다가 어느 순간에 정신이 깃들고 형체가 생기며 생명을 갖게 되는 존재이지요. 그러니 사람이 살다가 죽는 것은 마치 봄이 지나면 여름이 오고 여름이 가면 가을이 오고 또 가을이 지나면 겨울이 돌아오는 것처럼 자연스러운 일이 아니겠습니까. 아내는 지금 편안히 잠들었습니다. 그런데 내가 그 옆에서 계속 울고 있다면 좋겠습니까? 내가 우는 것은 자연의 법칙을 이해하지 못하는 행동이라 생각하여 곡을 멈춘 것입니다."

지혜가 꼬리를 무는 역사 이야기

위진魏晉 시대 순봉천荀奉倩은 "여인이란 덕행으로 논할 것이 못 된다. 중요한 것은 여인의 용모이다."라는 말을 하였다. 배해裴楷는 이 말을 듣고 말했다. "이는 그가 그저 별 뜻 없이 내뱉은 말이니 행여나 그의 말에 속아 넘어가지 않으시길 바랍니다." 그러나 순봉천은 자신의 생각을 열심히 실천에 옮겼다. 그는 표기장군驃騎將軍 조홍曹洪의 여식이 매우 아름답다는 이야기를 듣고는 매파를 보내 청혼하였고 결국 그녀를 아내로 맞이하였다.

순홍천은 전형적인 애처가로 아내와의 사이가 무척이나 좋았다. 어느 해 겨울, 사랑하는 아내가 고열로 온몸이 펄펄 끓게 되자 순봉천은 웃통을 벗고 마당에 나가 자신의 몸을 차갑게 만든 뒤 자신의

6장. 그대는 물고기가 아닌데 어찌 물고기의 즐거움을 안다 하는가

찬 몸으로 아내의 열을 내려주었다. 이렇게 고생을 하고 나자 순봉천의 건강 역시 나빠지게 되었다. 아내가 세상을 떠난 후 며칠 지나지 않아 순봉천은 아내의 뒤를 따랐다. 세상 사람들은 순봉천이 장자처럼 아내의 죽음을 태연히 받아들이지 못했을 뿐만 아니라 오히려 여색을 밝히다 목숨을 잃었다며 그를 비웃었다.

귀신같은 솜씨로
경지에 이르다

鬼斧神工(귀부신공)

재경이 목재를 깎아 만든 '거'를 본 사람들은 모두 사람이 만들었다고는 생각할 수 없을 정도로 정교하다며 감탄해마지 않았다.

———————————

춘추시대 노나라에 재경梓慶이라는 아주 솜씨 좋은 목수가 있었다. 그가 목재를 깎아 만든 거簾(종이나 악기를 거는 기둥)를 본 사람들은 모두 사람이 만들었다고는 생각할 수 없을 정도로 정교하다며 감탄해마지 않았다.

노나라 왕은 그의 솜씨가 뛰어나다는 말을 듣고 재경을 불러들였다. 그의 작품을 본 노나라 왕은 입에 침이 마르도록 칭찬하였다. 왕이 재경에게 물었다. "작품을 만들 때 사용하는 기법은 무엇이냐?" 재경은 대답했다. "저는 그저 평범한 목수로 기법이라고까지 할 만한 것

6장. 그대는 물고기가 아닌데 어찌 물고기의 즐거움을 안다 하는가

은 없습니다. 그저 거를 만들 때면 정신을 집중하고 재계를 행하여 잡념을 없애고 몸과 마음을 깨끗이 할 뿐이지요. 재계를 행하고 사흘이 되면 작품의 성공이나 개인적인 출세나 돈에 대한 생각들이 사라지고 닷새가 되면 다른 사람들의 비방이나 평가를 마음에 두지 않게 되며 이레가 되면 이미 나 자신을 잊는 경지에 들어서게 됩니다. 그때가 되면 마음속엔 이미 왕을 알현하고자 하는 욕망이 사라지고 없습니다. 하여 조정을 위해 거를 만들어도 상을 바라지 않고 벌을 두려워하지도 않게 되는 것이지요.”

재경은 계속해서 외부의 교란으로부터 완전히 벗어나기 위해 산 속으로 들어갔다고 말하며 나무의 속성을 관찰하고 거를 만들기에 가장 적합한 목재를 선정하여 머릿속에 완벽한 거의 모습이 그려졌을 때에야 비로소 본격적으로 작품을 만들기 시작한다고 말하였다. 재경은 노나라 왕에게 거의 제작 과정과 기술에 대한 설명을 마치며 말했다. “제가 말씀드린 방법은 저의 천성과 나무의 천성을 결합한 것이라 할 수 있습니다. 제가 거를 만들어 사람들에게 귀신같은 솜씨라고 칭찬받을 수 있는 것은 바로 이 때문이 아닌가 싶습니다.”

───────── **지혜가 꼬리를 무는 역사 이야기** ─────────

당唐 고종高宗 이치李治는 몸이 병약하였다. 항상 두통에 시달렸으며 심할 때에는 눈도 제대로 뜨지 못할 정도였다. 게다가 그는 나약

하고 무능하여 결단력 있게 일을 처리하지 못했다. 때문에 황후 무측천武則天은 황후의 신분으로 정사를 맡아볼 수 있었다. 그녀는 고종과 함께 금란전金鑾殿에서 대신들로부터 보고를 받고 결정권을 행사하였다. 그래서 조정 대신들은 그들 부부를 두 명의 임금이라 칭하였다.

690년, 때가 왔다고 생각한 무측천은 '당'이라는 국호를 버리고 천수天授라 연호를 바꾼 뒤 주周나라를 세워 황제의 옥좌를 차지하며 중국 역사상 유일한 여제女帝로 군림하였다. 이 야심만만한 여성 정치가는 자신의 위엄을 세우기 위해 힘썼다. 그 일환으로 뤄양洛陽의 룽먼석굴龍門石窟에 결가부좌 로사나대불상盧舍那大佛像을 만들도록 하였는데 턱이 넓고 눈이 아름다우며 입 꼬리가 살짝 올라간 상태로 엷은 미소를 띠고 있는 모습이 무측천과 매우 흡사하였다고 한다.

훗날 성리학자들이 불상의 모양새에 대해 비판을 가하기도 하였지만 당시 공예가들의 귀신같은 솜씨는 바로 이 불상을 만드는 과정이 있었기에 유감없이 발휘될 수 있었고 그들의 눈부신 솜씨가 있었기에 로사나대불상은 눈부시게 아름다운 보물이 될 수 있었다.

처음
시작하는
장자

7

말로도
탄복하고
마음으로도
탄복하다

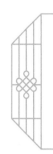

천상에서 내려온
사람이라고 놀라다

驚爲天人(경위천인)

공문헌이 우사를 보고 놀라며 말하길 "이 사람은 뭐지? 왜 한쪽 발뿐이지?
선천적인 걸까? 아니면 누군가에게 잘린 걸까?"라고 하였다.

———————————

송宋나라에 공문헌公文軒이라는 현인이 일이 있어 우사右師를 만
나러 갔다. 두 사람이 만났을 때 공문헌은 우사가 외발이라는 사실을
발견하고는 매우 놀랐다. 우사는 마치 발을 잘라내는 형벌이라도 받
은 듯 보였다. 순간 공문헌의 마음속에는 온갖 의혹들이 생겨났다. 그
는 속으로 생각하였다. '예전에는 대체 무슨 일을 했을까? 왜 발이 한
쪽뿐인 거지? 선천적인 걸까? 아니면 무슨 죄를 저질러 잘린 걸까?'
공문헌은 우사에게 직접 물어보고 싶은 마음이 굴뚝같았지만 끝내 이
에 대해 입을 열지는 못하였다.

일을 마치고 나와서 공문헌은 한참을 생각하였다. 그러고 나니 왠지 조금은 알 것 같기도 하였다. 공문헌은 하늘을 바라보며 혼자 중얼거렸다. '보아하니 누구에게 잘린 것이 아니라 선천적인 것이로군. 하느님이 그를 세상에 보낼 때 외발로 만들어 보낸 거야. 사람이 어떠한 모습을 하고 태어나는지는 모두 하늘에서부터 정해진 일인 것을 어찌 사람의 마음대로 할 수 있겠어. 그러니 분명히 선천적인 외발일 거야.'

── **지혜가 꼬리를 무는 역사 이야기** ──

당唐나라 시대 집이 가난하여 기생집으로 팔려간 소녀가 있었다. 이 소녀는 매우 아름답게 성장해 나갔다. 특히 그녀의 눈은 호수처럼 맑고 빛이 났다. 그녀가 얼굴을 내보일 때마다 주위 사람들은 그 아름다움에 놀라움을 금치 못하였다. 고관들은 앞 다투어 그녀의 접대를 받고자 하였다. 그러나 그녀는 어느 누구도 마음에 두지 않았고 오로지 자유의 몸이 되기만을 바랐다. 그러나 기생집의 포주가 이를 허락할리 만무하였다. 포주는 여태껏 길러준 게 어딘데 돈벌이를 얼마 하지도 않고 자유의 몸이 되겠다고 나서면 자기만 손해가 아니겠냐고 말했다. 그러면서 눈 한쪽을 내놓는다면 그때는 떠날 수 있게 해주겠노라며 그녀를 난처하게 만들었다. 포주가 이런 식으로 말을 하자 마음이 격해진 이 여인은 머리에 꽂혀있던 비녀를 뽑아들더니 자신의

7장. 말로도 탄복하고 마음으로도 탄복하다

한쪽 눈동자를 도려내어 포주에게 건네주었다. 포주는 일이 이렇게까지 되자 그녀를 보내줄 수밖에 없었다.

이 여인은 한쪽 눈을 잃고 자신의 몸 하나 건사할 수 없을 정도로 가난해졌다. 그녀는 이리저리 떠돌아다니다 장안에 도착하게 되었다. 이때 때마침 기사 몇 명을 이끌고 강가에서 노닐던 한 소년이 그녀를 발견하고는 하늘에서 내려온 사람이라고 놀라며 기쁜 마음으로 그녀를 자신의 집으로 데려갔다. 소년은 그녀가 행여 무슨 불만을 느끼고 자신의 곁을 떠날까 두려워 그녀에게 사람을 붙이고 극진히 보살피도록 하였다.

소년은 눈이 한쪽뿐인 이 여인을 끔찍이 총애하였다. 이 소식을 들은 한 선비는 면전에 대고 그를 비웃었고 소년은 이에 매우 분노하며 말했다. "그녀를 얻은 후로는 마치 세상의 여자들이 눈 한쪽씩을 더 가지고 있는 듯 보입니다. 눈이 꼭 많아야 할 이유가 있습니까? 아름다운 눈은 한쪽이면 충분합니다."

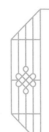

능력이 부족함을
탄식하다

望洋興嘆(망양흥탄)

그리하여 하백은 자만에 빠져 있던 자신의 마음가짐을 바로잡고 끝없이 펼쳐진 바다를 바라보며 바다의 신에게 말했다.

　절기상으로 입추에서 상강 사이가 되면 홍수로 물이 불어나 모든 냇물들이 황허 강으로 모여든다. 그러면 황허 강은 그 면적이 갑자기 넓어져 강의 맞은편에 있는 소와 말도 알아볼 수 없게 된다. 황허 강의 신 하백河伯은 이러한 강의 모습에 득의양양해 하며 물길을 따라 동쪽으로 가 어느새 발해渤海까지 도달하게 되었다. 그는 무심코 동쪽을 바라보았다. 그런데 연이어 밀려드는 파도만 눈에 들어올 뿐 그야말로 그 끝을 알 수 없는 망망대해가 펼쳐져 있었다.

　하백은 새삼 부끄러웠다. 그는 바다의 신에게 자신의 좁은 견문

7장. 말로도 탄복하고 마음으로도 탄복하다

을 한탄하였고, 바다의 신은 그런 그를 위로하며 말하였다. "우물 안의 개구리는 바다가 어떻게 생겼는지 알지 못합니다. 이는 개구리가 환경의 제약을 받기 때문이지요. 이와 마찬가지로 여름철을 사는 벌레는 얼음이 무엇인지 알지 못합니다. 이는 시간의 제약을 받기 때문이지요. 허나 지금 당신은 편협한 강을 벗어나 바다를 보고 자신의 미숙함을 깨달았으니 이는 아주 큰 발전이라 할 수 있습니다. 천하의 물 중에 바다보다 더 큰 물은 없습니다. 수십 개의 강물이 쉬지 않고 바다로 흘러들어 오지만 바다는 결코 차서 넘침이 없지요. 반대로 바닷물은 수십 개의 강물로 물을 흘려보내기도 하지만 결코 모자란 법이 없습니다. 그러나 나는 이러한 이유로 스스로를 잘났다 여긴 적이 없습니다. 나는 이 우주에서 그저 하나의 작은 부분에 지나지 않는다는 것을 알기 때문이지요."

───────────── **지혜가 꼬리를 무는 역사 이야기** ─────────────

청나라 말기 강유위康有爲는 거인擧人을 선동하여 공거상서公車上書를 올림으로써 한때 세상에 이름이 널리 알려졌다. 그러나 그해 연합고사 감독 중 한 명이 하필이면 보수적으로 둘째가라면 서러운 대학사大學士 서동徐桐이었다.

서동은 서양인을 증오하여 서양과 관련한 모든 것들을 싫어하였다. 그는 항상 외국 병사의 다리는 구부러지지 않기 때문에 외국 병사가 가장 쓰러뜨리기 쉬운 적이라 말하곤 하였다. 때문에 외국병사와 싸울 땐 대나무 장대 하나면 충분하다는 것이 그의 지론이었다. 그러나 강유위는 상서에 외국 병사 대비를 위한 군사 훈련법 등을 제시하였고 서동은 이러한 강유위를 서양인만큼이나 미워하였다. 연합고사 때 서동은 같은 보수파인 부감독 이문전李文田과 보수파 관리들을 소집하여 말했다. "변법을 부르짖는 이 오만방자한 강유위를 절대 합격시켜서는 안 된다. 도리에 벗어난 희괴한 문장을 보면 가차 없이 떨어뜨려라." 보수파인 시험 감독관들은 모두 알겠다고 대답하였다.

서동은 서양 물건이라면 모두 뼛속까지 싫어하였지만 그의 집은 공교롭게도 동교민항에 위치하여 집의 정문이 프랑스 대사관과 마주하고 있었다. 그래서 서동은 대문을 봉쇄하고 저택의 뒤쪽에 작은 출입문을 만들었다. 그의 이웃들은 이를 이해하지 못하고 이유를 물어왔고 서동은 정문에 '도깨비를 이웃으로 두고 있음에 그저 멍하니 바라보며 탄식할 뿐이다.'는 내용의 대련을 붙였다. 이웃들은 이 대련을 보고서야 서양인에 대한 서동의 적대감을 알 수 있었다.

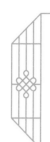

말로도 탄복하고
마음으로도 탄복하다

口服心服(구복심복)

이익과 의로움을 들어 좋고 싫고, 옳고 그름을 따짐은 입으로만 남을 탄복시킬 뿐이다. 사람의 마음을 진심으로 탄복시키고 감히 대립하지 못하도록 해야만 천하의 법칙을 확립했다 할 수 있다.

한번은 혜자가 장자와 지혜의 활용에 대한 토론을 벌였다. 장자가 매우 감탄하며 말했다. "공자는 예순 살이 되어서야 지난 육십 년 동안 자신의 사고방식이 예순 번이나 바뀌었다는 사실을 깨달았습니다. 그때는 옳다고 생각하던 것들이 후에 지나고 보니 옳지 않은 것이 되었지요. 오십구 년 동안 비판해 오던 소위 그릇된 주장이 현재의 진리일 수 있다는 것입니다." 혜자는 장자에게 말했다. "공자는 지혜를 활용함에 있어 매우 고심했기 때문이 아니겠습니까?" 장자가 말했다.

"공자가 청년이었을 때는 지혜의 활용을 위해 매우 고심하였지요. 그러나 늙어서는 그도 변하였습니다. 공자가 후에 뭐라 말하였는지 아십니까? '천부적인 재능은 열심히 해서 얻어지는 것이 아니며 마음을 찾는 것은 인생을 두 번 살게 한다'고 하였습니다. 이 말에서 고심한 흔적이 어디에 드러난단 말입니까! 당신이 말하는 것은 아마도 당신 자신이겠지요. 당신은 상야相爺를 지내며 지혜를 활용하여 노래보다 훨씬 듣기 좋은 연설을 하고 법보다 훨씬 주도면밀한 훈시를 합니다. 그러나 권리를 이야기하고 침묵으로서 의무를 이행하는 것, 좋고 싫음, 옳고 그름을 따지는 일은 모두 그저 다른 사람을 입으로만 탄복하게 하는 데 지나지 않지요. 당신은 사람의 마음을 진심으로 탄복시키고 그 사람으로 하여금 감히 대립하지 못하도록 해야 합니다. 이래야만 비로소 사회의 안정을 되찾을 수 있지요. 관둡시다. 공자에 비해 당신이 어떤지 모르겠지만 아무튼 내 생각엔 내 자신이 아직 공자와 비교하기엔 한참 멀었으니까요."

지혜가 꼬리를 무는 역사 이야기

공자가 제자들을 거느리고 각지를 돌며 가르침을 전하러 다닐 때였다. 공자 일행은 한 마을에 도착하여 나무 그늘 아래서 휴식을 취하였다. 막 허기진 배를 채우고 마른 목을 축이려 준비하는 찰나에 마차를 끌던 말이 고삐를 풀고 농지로 달려갔다. 말은 밭에 심어진 보리

7장. 말로도 탄복하고 마음으로도 탄복하다

의 모종을 먹어치웠다. 이 모습을 본 농부는 밭으로 달려가 말을 잡아 갔다.

자공은 자진해서 농부를 설득해 보겠다고 나섰다. 그는 농부에게로 가서 문어적이고 고어적인 말투로 도에 대한 이야기를 잔뜩 늘어놓았다. 자공은 입이 닳도록 이야기하였지만 농부에게는 어떠한 말도 먹히지 않았다. 공자의 마차를 모는 마부는 자공과 농부가 한 치의 양보도 없이 대치하는 모습을 보고 공자에게 말했다. "제가 한 번 가 보겠습니다." 그리하여 마부는 농부에게로 가서 웃으며 말했다. "기분이 언짢으시다는 것은 잘 알고 있습니다. 그러나 댁이 저 멀리 동해에서 밭을 일구는 상황이 아니고 저희도 저 멀리 서해에 있는 것이 아니지 않습니까. 서로 이렇게 가까운 거리에 있으니 말이 댁의 농작물을 먹어치운 것도 이해하지 못할 일은 아니지 않겠습니까? 그러니 서로서로 이해해야 옳지요." 농부는 이 말에 탄복하여 마부에게 말을 돌려주었다.

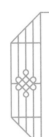

뜻밖의
화를 입다

魯酒薄而邯鄲圍(노주박이감단위)

그래서 입을 열면 이가 시리고 노나라의 술맛이 싱거우면 한단이 포위를
당하고 성인이 태어나면 도적들이 기승을 부리는 것이다.

───────────

춘추시대 초楚 선왕宣王은 제후들과 회견을 가졌다. 노나라의 공
공恭公은 가장 늦게 이 자리에 나타났다. 게다가 그가 선물이라고 가져
온 술은 그 맛이 싱겁기 그지없었다. 이에 너무나도 화가 난 초 선왕은
공공에게 모욕을 줘야겠다고 생각했다. 그러나 노 공공은 이에 지지
않고 엄숙하게 말했다. "저는 주공周公의 후대를 위해 제후의 우두머
리로서 왕실에 적을 두고 천자의 예법을 신봉하며 주나라 왕실에 뛰
어난 공로를 세웠습니다. 예절과 신분에 어긋나는 일인 줄 알면서도
초나라 왕을 위해 이렇게 자리하였는데 왕께선 도리어 술맛이 싱겁다

7장. 말로도 탄복하고 마음으로도 탄복하다

나무라시다니요. 이건 좀 너무하신 게 아닙니까?" 노 공공은 말을 마치고는 화를 내며 돌아갔다. 이에 모욕감을 느낀 초 선왕은 제나라와 함께 군사를 출동시켜 노나라를 쳤다.

이 소식은 위魏나라에까지 전해졌다. 줄곧 조나라를 치고 싶었으나 초나라가 조나라를 도와줄까 걱정하여 이렇다 할 결정을 내리지 못하고 있던 위 혜왕은 이때다 싶었다. 초나라가 노나라와 싸우고 있으니 자신이 조나라를 친다한들 여기에 신경 쓸 여력이 없을 것이었기 때문이었다. 그리하여 위 혜왕은 그 길로 곧장 조나라에 공격을 가하여 조나라의 수도인 한단을 포위하였다. 졸지에 조나라 한단은 노나라의 술이 싱거워 벌어진 일에 희생자가 되어 아무 이유 없이 억울한 처지에 놓이게 되었다.

───────── **지혜가 꼬리를 무는 역사 이야기** ─────────

기원전 630년 진秦 목공穆公은 기자杞子·봉손逢孫·양손楊孫 등 세 명의 장군을 보내어 정鄭나라를 도와 방위하도록 하였다. 2년 뒤, 진 목공은 장군 맹명시孟明視를 보내어 원정군을 인솔하여 단번에 정나라를 삼킬 수 있도록 공격을 준비시켰다. 군대가 낙양洛陽 부근의 활국滑國에 달하였을 때 진나라 군대는 우연히 정나라 상인 현고弦高를 만났다.

현고는 진나라 군대가 정나라를 정벌하기 위해 행군하고 있다는 사실을 알고 사람을 시켜 정나라로 편지를 보내는 한편 자신을 정나라의 사자使者로 가장했다. 그는 소가죽 네 장을 선물로 바치고 소 열두 마리로 진나라 군대를 대접하며 진나라 장군에게 말했다. "저희 국왕께서는 여러분이 오신다는 소식을 듣고 특별히 저를 보내 여러분을 대접하라 하셨습니다. 정나라에 가셔서 하루를 묵으신다면 저희가 식사를 제공해 드리겠습니다. 그리고 돌아가실 때에는 저희가 보위해 드리도록 하지요." 이 말을 듣고 맹명시는 탄식하며 말했다. "보아하니 정나라에서 사태를 파악하고 이미 만반의 준비를 갖춘 게로군. 우리의 계획은 물거품이 되었구나. 계획대로 공격을 가한다 하더라도 승산이 없으니 그냥 돌아가도록 하자!"

그리하여 진나라 군대는 정나라를 공격하는 대신 활국을 정벌하고 돌아갔다. 이로써 정나라는 위기를 모면할 수 있었지만 무고한 활국은 억울하게 희생자가 되었다.

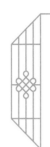

정신을
집중하다

屏氣凝神(병기응신)

마음을 하나로 모으면 신기에 달할 수 있다 하였는데 바로 곱사등이 노인을 두고 한 말이구나!

───────────

공자는 초나라로 향하는 길에 작은 숲을 지나다가 한 곱사등이 노인을 보게 되었다. 그 노인은 한 손에는 대바구니를 다른 한 손에는 대나무 장대를 들고 있었다. 대나무 장대 끄트머리에는 끈끈이가 도포되어 있었다. 이 장대를 들고 매미를 잡는 노인의 모습은 마치 물건을 줍는 것처럼 보일 정도로 숙련되어 있었다.

공자가 말했다. "어르신은 정말 재주도 좋으십니다. 무슨 비법이라도 있습니까?" 노인은 웃으며 공자에게 대답했다. "매년 오뉴월 사이 매미의 계절이 되면 저는 대나무 장대 끝에 작은 공을 쌓는 연습을 한답니다. 만약 이번에 공 두 개를 쌓아서 떨어뜨리지 않는다면 매미를 잡을 때 실수가 줄어들고 세 개를 쌓아서 떨어뜨리지 않는다면 더 확실히 매미를 잡을 수 있게 된답니다. 이렇게 되면 실수는 열에 한 번 정도에 불과하지요. 오늘처럼 다섯 개의 공을 쌓고도 떨어뜨리지 않으면 매미를 잡는 일이 물건을 줍는 것처럼 쉬워집니다. 나는 매미를 잡을 때 나무 아래 말뚝처럼 움직이지 않고 서서 마른 나뭇가지처럼 장대를 쥔 손만을 움직이지요. 비록 세상이 넓고 세상에는 만물이 있다 하지만 저와는 모두 인연이 없습니다. 사람이 매미 날개에만 주의를 기울이면 매미 날개가 곧 전부가 됩니다. 내가 이리저리 두리번거려도 여러 가지를 생각하지 않는다면 제 아무리 강산이 변한다하여도 나의 매미 날개를 바꾸지 못합니다. 이러니 내가 매미를 못 잡을 리가 있겠습니까?" 공자는 제자들을 돌아보며 말했다. "일을 할 때에는 거기에 마음을 다해야만 뛰어난 성과를 얻을 수 있다 하였는데 바로 이 곱사등이 영감님을 두고 한 말 같구나."

───────── **지혜가 꼬리를 무는 역사 이야기** ─────────

청나라 시대 유악劉鶚은 『노잔유기老殘游記』에서 왕소옥王小玉이라는 신기한 가수의 이야기를 그려내었다. 왕소옥은 붉은 입술과 흰 이를 놀려 노래 몇 소절을 부르더니 마치 철사 한 줄을 저 먼 하늘에 던져 넣듯 점점 음을 높여갔다. 그런데 뜻밖에도 하늘 높은 줄 모르고 올라가던 그녀의 음이 다시 낮은 음으로 내려와 맴돌더니 다시금 높은 음으로 올라갔다. 왕소옥은 가장 높은 음을 내며 노래를 부르다가 돌연 음을 뚝 떨어뜨리곤 다시 정신을 모아 힘껏 소리를 내질렀다. 마치 한 마리의 비룡이 황산黃山의 서른여섯 개 봉우리를 휘감고 올라가 순식간에 한 바퀴를 돌고 내려오는 듯하였다. 그러더니 점점 음이 낮아지고 저음으로 갈수록 목소리가 얇아지더니 서서히 목소리가 사라졌다.

정원이 있는 사람들은 모두 정신을 집중하여 소리에 귀 기울였다. 대략 이삼 분이 지나자 자그마한 목소리가 아주 낮은 곳에서부터 들리는 듯하였다. 이 목소리가 춤을 추기 시작하자 무수히 많은 음들이 함께 쏟아져 나오기 시작했다. 삼현금三弦을 켜는 사람들의 손놀림이 빨라지며 큰 소리로 혹은 작은 소리로 그녀의 목소리와 조화를 이루었다. 마치 봄이 찾아와 새들이 여기저기서 지저귀는 것만 같았다. 청중들은 어느 소리에 귀를 기울여야 할지 몰랐다. 이렇게 귀가 어리어리하던 순간 갑자기 사람도 악기도 모두 고요해졌다. 무대 아래서는 사람들의 '와!'하는 우레와 같은 환호성이 퍼졌다.

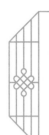

메아리처럼
다시 돌아오다

其應如響(기응여향)

나에게 속한 것은 내 것이 아니고 타인에게 속한 것은 타인 스스로의 것이니 그 움직임이 물과 같고 멈춰 있음이 거울과도 같으며 그 반응은 메아리와도 같다. 황홀함은 아무것도 없는 것과 같고 고요함은 마음이 맑고 깨끗함과 같으며 무엇을 얻는 것은 잃는 것과 같다. 때문에 나서지 않고 항상 한 발 물러서 있다.

───────────────

전국시대 이전 주周 평왕平王 재위 당시 함곡관函谷關의 한 관윤關尹(관윤은 사람의 이름이 아니라 당시의 관직명이다)과 노자는 청정무위清靜無為의 주장을 계승, 발전시켜 도가를 창시하였다. 관윤이 말했다. "나에게 속한 것은 내 것이 아니고 타인에게 속한 것은 타인 스스로의 것입니다. 저는 잔잔한 물결로 옅은 바람에 답하며 연못과도 같이 몸의 평정을 유지하고 부동으로 움직임을 나타내며 거울과도 같은 마음을 가지고 허무로 부름에 답하니 언어는 그저 고요한 산의 메아리일 뿐이지요. 황홀함은 아무것도 없는 것과 같고 고요함은 마음이 맑고 깨끗함과 같습니다. 무엇을 얻는 것은 잃는 것과 같습니다. 때문에 나서지 않고 항상 한 발 물러서 있지요." 노자는 간결하고도 완벽한 문장으로 요점을 이야기하였다. "양陽의 강건한 기질을 꿰뚫어보고 음陰의 부드러움을 지키며 기꺼이 산봉우리가 아닌 산골짜기가 되고 영예의 부질없음을 알고 굴욕을 감내할 줄 알며 우두머리가 되기보다는 자신을 낮출 줄 안다는 게로군요."

지혜가 꼬리를 무는 역사 이야기

남북조시대 제왕의 전폭적인 지지 아래 귀족 제도가 더욱 엄격하게 실행되던 때의 일이다. 유송 효무제孝武帝의 어머니 노路태후의 조카 노경지路瓊之가 중서령中書令 왕승달王僧達을 만나러 갔다. 왕가는 산동山東 랑야琅琊의 부유하고 높은 귀족 가문이었다. 그래서 왕가네 사람들은 자신들이 하고 싶은 대로 행동하였다.

노경지의 아버지는 일찍이 왕가네 집안에서 하인으로 지낸 적이 있었다. 즉 노경지는 평민 출신일 뿐 아니라 하인 집안의 사람이었다. 따라서 왕승달은 노경지가 대신이라고 해서, 그리고 그의 고모가 태후라고 해서 그를 존중하지는 않았다. 왕승달은 냉담한 표정을 지으며 그를 만나자마자 한 소리를 뱉어냈다. "옛날 우리 집에 노경지路慶之라는 마부가 있었는데 이를 아는가?" 노경지는 그 즉시 자리를 물리고 돌아갔다. 왕승달은 자신의 직위가 높지는 않지만 고귀한 신분의 사람임을 드러내기 위해 그를 배웅하지 않았을 뿐 아니라 심지어 하인을 시켜 그가 방금 앉았던 자리를 태워버렸다.

그러나 왕승달이 이렇게 거만한 태도를 보인 결과는 그리 좋지 않았다. 바로 보복이 시작되었기 때문이다. 노경지는 왕승달에게 모욕을 당하고 그 길로 곧장 입궁하여 고모인 노태후에게 이를 성토하였고 태후는 이를 다시 아들 유준劉駿에게 알렸다. 그때 때마침 남팽성南彭城이 무당과 관리가 결탁하여 반역을 꾀한 일을 보고해왔고 유준은 왕승달을 공모자 이름에 올려 다짜고짜 그를 체포하여 교살하였다.

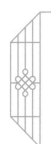

도마를 넘어가서
요리사의 일을 대신한다

越俎代庖(월조대포)

뱁새가 깊은 숲 속에 둥지를 짓는다 해도 불과 나뭇가지 하나면 족하고 두더지가 강물을 마신다 해도 그 작은 배를 채우는데 불과하다. 그대는 돌아가 쉬어라. 내게도 천하란 아무 소용없다. 요리사가 요리를 잘 못한다고 시동이나 신주가 술 단지와 고기 그릇을 들고 그를 대신할 수는 없다.

전설 속에 등장하는 성군 요는 태평성국을 이룬 위대한 임금이었다. 평소 매우 겸손했던 요임금은 허유許由가 매우 뛰어난 재주를 지녔다는 소문을 듣고 자신의 자리를 물려주려고 그를 찾아갔다. 요가 허유에게 말했다. "일월日月이 밝은데 횃불을 계속 태운다면 그 빛이 헛되지 않겠습니까? 때가 되면 비가 내리는데 계속 논에 물을 대고 있다면 그 물은 소용없지 않겠습니까? 당신같이 훌륭한 자가 임금

이 된다면 태평성대를 이룰 수 있을 진대 제가 이 자리에 있을 이유가 없습니다. 그러니 부디 저 대신 천하를 맡아 주십시오." 이러한 요임금의 권유에 허유는 답했다. "임금께서 다스리는 세상은 이미 태평성대인데 제가 대신 임금이 된다면 이 또한 헛된 일일 겁니다. 뱁새가 깊은 숲 속에 둥지를 짓는다 해도 불과 나뭇가지 하나면 족하고 두더지가 강물을 마신다 해도 그 작은 배를 채우는데 불과합니다. 그러니 제게 천하가 무슨 소용이겠습니까? 임금께서는 돌아가시오. 요리사가 음식을 잘 못 만든다고 해서 시동이 술 단지와 고기 그릇을 들고 그를 대신할 순 없습니다."

───────────── **지혜가 꼬리를 무는 역사 이야기** ─────────────

1505년 명明 효종孝宗이 서른여덟 살에 세상을 떠나고 태자 주후조朱厚照가 열다섯 살에 보위에 올랐는데 그가 바로 명 무종武宗이다.

어린 나이에 황제가 된 그는 정사에 전혀 관심을 두지 않았고 매일 색다른 놀이를 즐기는 데에 몰두했다. 그는 평범한 놀이에 만족하지 못하고 상인으로 치장하고 성의 저잣거리를 돌아다니며 물건을 흥정하고 중개인을 부추기는 등 심리 놀이를 즐겼다. 그리고 일이 성사되면 주점에 들려 여색을 즐기며 마음껏 놀았다. 훗날 그는 자금성을 벗어나서 화려한 궁을 짓고 표방豹房이라 이름 붙이고 기방과 민가에서 데려 온 아리따운 여인들과 함께 시간을 보내며 나랏일에는 전혀 관심을 두지 않았다. 당시 환관 유근劉謹은 임금의 놀기 좋아하는 마음을 이용해 그를 모시고 기방에 가거나 저잣거리를 돌아다니게 도와주었다. 그리고 자신은 주제넘게 임금 행세를 하며 조정을 자기 마음대로 주물렀다. 조정 대신들은 그런 유근에게 강력하게 항의를 했지만 그는 권세를 장악하고 반대파를 숙청하는 등 세상을 어지럽혔다.

로마에 가면
로마법을 따르라

入鄕隨俗(입향수속)

게다가 나는 선생에게 "그 고장에 가면 그곳의 풍속을 따라 금령에 복종해야 한다."고 들었다.

장자 곁에는 그를 도와 칠원漆園의 일을 처리하고 『노자老子』를 공부하는 제자가 한 명 있었다. 그는 장자의 유능한 조수이자 장자의 토론 상대였다. 그는 종종 장자에게 희괴한 문제들을 물어오곤 하였다. 두 사람은 함께 배워가며 장자의 사상을 발전시키는데 힘썼다. 이 제자가 바로 위魏나라 출신의 인차藺且이다.

한번은 장자가 사흘 내내 기분이 좋지 않았다. 그러자 인차는 장자에게 물었다. "스승님, 요즘 들어 왜 그리 기분이 언짢으십니까?" 장자는 한숨을 내쉬며 말했다. "나는 외형에 마음이 사로잡혀 내 몸을 잊고 있었다. 명예와 이익만을 좇는 세상 사람들의 행동이 위험함을 알고 있었지만 이를 피할 줄은 몰랐구나. 게다가 나는 '그 고장에 가면 그곳의 풍습을 따라 금령에 복종해야 한다'는 말을 들었다. 며칠 전 나는 조릉雕陵을 거닐다가 내 자신을 잊었고 이상한 새 한 마리가 내 이마를 스치고 날아가 나는 밤나무 숲에서 천성을 잊었다. 밤나무 숲의 관리인은 나를 도둑으로 알고 호되게 욕을 퍼붓더구나. 그래서 나는 기분이 좋지 않다."

──────────── **지혜가 꼬리를 무는 역사 이야기** ────────────

상고上古시대 대우는 치수 사업을 펼쳤다. 그는 치수 작업을 진행하면서 그리고 치수 작업을 마친 후에 환경을 관리하는 대신 백익伯益에게 사람들을 모아 측량 작업을 하도록 명하였다. 뿐만 아니라 대우는 중국 역사상 최초로 직접 대규모의 국토 조사를 실시하였다. 대우는 수해 복구와 국토 조사 작업을 진행하는 과정에서 각 고장의 풍속을 존중하며 이를 따랐다. 그는 단 한 번도 주변 소수민족에게 중원 지역의 생활 방식을 강요한 적이 없었다.

대우는 치수 작업을 위해 양자강 하류의 태호太湖에 갔다가 나체로 생활하는 소수민족과 만나게 되었다. 이 소수민족은 모두 짧은 머리에 문신이 있었고 실오라기 하나도 걸치지 않은 채였다. 대우는 그곳의 주민들을 치수 작업에 동참시키기 위해 그들을 설득하러 나섰다. 이 소수민족이 사는 지역에 들어선 후 대우는 그들에게 우호를 표현하기 위해 자신이 입고 있던 옷을 벗어던지고 그들과 함께 생활하였다. 결국 대우는 순조롭게 그들을 설득하여 치수 작업의 성공에 힘을 보탰다. 타이후의 정비를 끝내고 나서야 대우는 다시 옷을 차려입고 다른 곳의 치수 작업을 하러 떠났다. 그와 함께 일하던 나체족은 그가 떠난 후 사찰을 지어 그를 위한 제를 지냈다. 이 사찰은 수천 년을 이어 내려오며 보수를 거듭하였다.

그리하여 오늘날까지 잘 보존해 내려오고 있다. 다만 오늘날 대우의 초상은 여러 겹의 옷을 입고 있을 뿐이다.

7장. 말로도 탄복하고 마음으로도 탄복하다

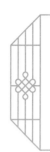

자연에
몸을 맡기다

身在江海之上 (신재강해지상)

**내 비록 몸은 강호를 떠돌아다니고 있지만 마음은 계속 궁궐에서의 생활을
그리고 있으니 어찌하면 좋겠는가?**

위魏나라의 공자모公子牟는 중산국中山國에 영지를 두고 있어 사
람들은 그를 중산공자中山公子 모라 불렀다. 귀족 출신인 모는 장자의
학설을 좋아하여 자신의 모든 부귀영화를 버리고 강호를 떠돌아 다녔
다. 그러나 만승대국萬乘大國의 공자가 자신의 모든 부귀영화를 버리고
정처 없이 떠돌아다니며 동굴에서 은거하며 지낸다는 것은 그런 생활
이 몸에 밴 가난한 선비에 비해 어려울 수밖에 없었다.

시간이 갈수록 그는 쓸쓸해졌다. 모가 낙담하며 첨자詹子에게 물
었다. "내 비록 강호를 떠돌아다니고 있지만 마음은 계속 궁궐에서의

생활을 그리고 있으니 어찌하면 좋겠소?" 첨자는 말했다. "생명을 중히 여기십시오. 생명을 중히 여기면 명예와 이익을 가벼이 여기게 될 것입니다." 모가 다시 말했다. "도리는 나도 잘 알고 있습니다. 허나 마음을 잡지 못할 뿐이지요." "마음을 잡을 수 없다면 그냥 흘러가는 데로 두십시오. 그런 일에 고민한다면 헛수고만 하고 결국은 자기 자신을 다치게 할 것입니다. 이렇게 자신을 다치게 하는 사람은 계속해서 자신을 괴롭혀 마땅히 존중받아야할 것이 존중받지 못하니 당연히 장수할 수 없지요."

지혜가 꼬리를 무는 역사 이야기

도홍경陶弘景의 자는 통명通明으로 452년 장쑤江蘇 단양말릉丹陽秣陵에서 태어났다. 도홍경이 젊었을 때 그의 집안 형편은 여유롭지 못했다. 그러나 그는 책읽기를 좋아해 모르는 것이 있으면 알 때까지 파고들었다. 스무 살 때 도홍경은 궁에 들어가 제왕의 시독侍讀(제왕에게 경학을 가르치는 관직)을 맡았으며 그 후 좌위전중장군左衛殿中將軍에 임명되었다.

제齊 무제武帝 영명永明 10년(492년) 그는 관직을 물리고 구곡산勾曲山으로 들어가 은둔 생활을 시작하였다. 그는 스스로를 '도은거사陶隱居士'라 칭하며 도를 연마하고 정신을 수양하였다.

양梁 무제武帝 소연蕭衍이 즉위하고 일찍이 도홍경과 친분이 있어 그의 뛰어난 재능과 학식에 대해 잘 알고 있었던 양 무제는 사람을 보내 그에게 관직을 맡아줄 것을 청하였다. 그러나 도홍경은 이를 완곡하게 거절하였다. 그럼에도 불구하고 양 무제는 수시로 도홍경에게 사신을 보내 그의 안부를 묻고 조정의 일에 대해 이런저런 자문을 구했다. 도홍경은 이에 명쾌한 답을 주었으며 직언도 서슴지 않았다.

한번은 사신이 궁으로 돌아가며 황제에게 답례할 선물이 있냐고 도홍경에게 물었다. 그러자 도홍경은 웃으며 붓을 한 번 놀리더니 "산중에는 내 것이 없고 산봉우리에는 흰 구름이 많으니 나 혼자 기뻐할 뿐 군주에게 전해드릴 수가 없구나."라는 시를 한 수 지어 사신에게 들려 보냈다. 도홍경은 이 시로 자신의 담담하고 욕심 없는 마음을 표현한 것이다. 그리하여 후세 사람들은 몸은 강과 바다에 있지만 마음은 궁궐에서 사는 이 은둔자를 '산중재상山中宰相'이라 불렀다.

536년 도홍경이 세상을 떠나고 '정백선생貞白先生'이라는 시호가 생겼으며 황제의 아들 소강蕭綱과 소륜蕭綸은 그를 위해 각각 묘지와 비문을 썼다.

간사한 꾀로
남을 속여 희롱한다

朝三暮四(조삼모사)

원숭이들을 기르는 노인이 원숭이들에게 밤을 나누어주며 말하기를 "아침에는 세 알, 저녁에는 네 알을 주겠다."고 하니 원숭이들은 몹시 화를 냈다. 노인이 다시 말하기를 "그럼 아침에는 네 알, 저녁에는 세 알을 주겠다."고 하니 원숭이들은 모두 크게 기뻐하였다.

송宋나라에 원숭이를 키우는 노인이 있었다. 사람들은 그를 저공狙公이라 불렀다. 저공은 원숭이들의 성격과 습성에 대해 잘 알고 있었고 원숭이들은 저공이 하는 말을 모두 이해할 수 있었다. 저공은 원숭이들과 함께하는 생활이 제법 즐거웠다.

원숭이들은 밤을 좋아해서 매일 꽤 많은 양의 밤을 먹어치웠다. 그러던 어느 해인가 흉년이 들었다. 그러자 본래 생활이 그리 풍족하

7장. 말로도 탄복하고 마음으로도 탄복하다

지 못했던 저공은 원숭이들에게 밤을 나눠주기가 힘들어졌다. 저공은 원숭이들에게 밤의 개수를 정해두고 매일 일정한 양만 나눠주고 싶었지만 원숭이들이 반발하고 나설까 두려웠다. 그래서 그는 한 가지 방법을 생각해냈다.

어느 날 아침 저공은 원숭이들에게 말했다. "지금은 식량이 부족하니 너희가 먹는 양을 좀 줄여야겠구나. 매일 아침에 밤 세 알, 저녁에 네 알 어떠냐?" 원숭이들은 양이 줄어든다는 말을 듣자 화를 내며 큰 소리로 말했다. "너무 적어요. 게다가 어떻게 아침을 저녁보다 적게 먹을 수 있죠?" 원숭이들의 불평이 수그러들 줄 모르자 저공은 얼른 미소를 띠며 말했다. "그럼 매일 아침 네 알을 먹고 저녁에 세 알을 먹는 건 어떨까?" 원숭이들은 아침에 먹을 수 있는 밤이 저녁보다 많아지자 크게 기뻐하였다.

───── **지혜가 꼬리를 무는 역사 이야기** ─────

삼국三國시대, 용맹하기로 유명했던 여포呂布는 병주자사幷州刺使 정원丁原을 의붓아버지로 모시고 그의 휘하에서 기도위騎都尉와 주부主簿를 지냈다. 한韓나라 영제靈帝가 죽고 동탁董卓은 암암리에 여포를 매수하여 정원을 죽이도록 하였다. 동탁은 권력을 얻은 후 여포를 양자로 들여 그를 중랑장中郞將·도정후都亭侯와 같은 중요한 직위에 임명하였다.

189년, 사도 왕윤王允의 이간질로 여포는 다시 동탁을 죽였다. 왕윤은 자신의 뜻대로 일이 해결되자 여포를 장군으로 임명하고 온후 溫侯로 봉하였다. 그리고 얼마 지나지 않아 동탁의 옛 부하들이 수도를 공격해 왔다. 여포는 원술袁術·원소袁紹·장양張楊·장막張邈·유비劉備 등의 힘을 빌려 조조曹操와 여러 차례 전쟁을 치렀다. 매우 용맹하고 싸움에 능했던 여포는 수차례 조조를 물리쳤다.

한나라 건안建安 3년(198년) 조조의 군대는 여포의 근거지인 소패小沛를 공격하였다. 이때 여포는 책사 진궁陳宮의 의견을 받아들이지 않고 고집을 부리다가 결국 조조에게 생포 당하였다. 조조는 성으로 들어와 유비와 자리를 같이한 뒤 여포 등 생포한 인질을 자신의 앞으로 끌어다 놓도록 하였다. 그러자 여포가 말했다. "저 여포, 오늘 이렇게 조공께 승복하니 만약 조공께서 저를 죽이지 않고 부장副將으로 쓰신다면 천하를 평정하실 수 있으실 겁니다." 조조가 고개를 돌려 유비를 바라보자 유비가 말했다. "여포는 얕은꾀를 부리는 데 능한 소인배입니다. 정원과 동탁의 말로가 어떠하였는지 잊지 마십시오." 그리하여 조조는 여포를 성루에서 끌어내 목을 베도록 명령하였다.

7장. 말로도 탄복하고 마음으로도 탄복하다

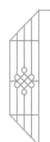

만족할 줄 아는 자는
스스로를 괴롭히지 않는다

知足者不以利自累(지족자불이리자루)

만족할 줄 아는 자는 이익에 눈이 어두워서 스스로를 괴롭히지 않고 자연의 이치를 깨달은 자는 무엇을 잃는다 해도 겁내지 않으며 수양을 한 자는 높은 지위를 얻기 위해 억지로 애쓰지 않는다.

───────────

공자의 제자 안회는 비록 마을에서 가장 누추한 집에 살았으나 스스로 매우 만족할 줄 알았으며 항상 즐거웠다. 하루는 공자가 안회에게 말했다. "집이 그렇게 가난하고 힘들게 살지 말고 조정에 나가 보는 게 어떻겠느냐?" 공자는 안회가 힘든 생활을 하는 모습이 안쓰러워 관리가 되어 좀 더 나은 생활을 하길 바랐다. 하지만 안회는 말했다.

"저는 조정의 관리가 되고 싶지 않습니다. 성 밖으로 오십 묘의 땅이 있어 언제나 죽을 끓여 먹을 수 있고 성안으로는 뽕밭 열 묘가 있으니 매년 입을 것을 걱정하지 않아도 됩니다. 그리고 집 안에는 거문고가 있어 음악을 즐길 수 있고 마음속에는 스승님의 가르침과 지혜가 있으니 더할 나위 없이 좋습니다. 이처럼 모든 것이 갖추어져 충분하니 관리가 될 이유가 없습니다." 공자는 잠시 침묵하더니 말을 이었다. "참으로 맞는 말이구나! 만족할 줄 아는 자는 이익에 눈이 어두워서 스스로를 괴롭히지 않고 자연의 이치를 깨달은 자는 무엇을 잃는다 해도 겁내지 않으며 수양을 한 자는 높은 지위를 얻기 위해 억지로 애쓰지 않는다는 말이 있다. 나는 이 말을 들은 지 한참이 지나도록 아직 다다르지 못했는데 너는 이미 그 경지까지 다다른 것 같구나."

───────── **지혜가 꼬리를 무는 역사 이야기** ─────────

송宋 진종眞宗 때 이항李迒이란 재상이 있었다. 그는 조정에 몸담고 있으면서도 명예와 지위에 욕심을 부리지 않았고 언제나 몸가짐을 바르게 하고 학문을 연구하며 청렴하게 살았다. 이항은 재상이 된 뒤 집을 한 채 지었는데 그 면적이 너무 좁아 고작 말 네 필이 들어갈 크기였다. 주위에서는 재상이 살기엔 너무 좁은 집이라고 했지만 이항은 이에 아랑곳하지 않고 웃으며 말했다. "이 집은 사무를 처리하기 위해 짓는 관공서가 아니라 자손들에게 물려줄 집이다. 내 자손들이 모두 재상이 될 것도 아니고 평범한 가정집으로 조상을 모시고 제사

7장. 말로도 탄복하고 마음으로도 탄복하다

를 지내기에는 충분히 넓구나."

하루는 그의 집 난간이 부서졌는데 일 년이 지나도록 수리를 하지 않았다. 이를 답답하게 생각했던 부인이 왜 수리를 하지 않느냐고 묻자 이항은 "난간이 부서졌다고 우리가 불편한 게 뭐 있소? 그대로 두고 삽시다."라고 대답했다.

이처럼 이항은 스스로 만족할 줄 아는 지혜를 지녔으며 평생을 청렴하게 살았다. 그는 성정이 곧고 바랐으며 자기 수양을 게을리 하지 않아 사람들에게 '성상聖相'으로 칭송받았다.

초판 인쇄 2022년 5월 25일
초판 발행 2022년 5월 30일

편저자   김세중
펴낸이   김상철
발행처   스타북스
등록번호 제300-2006-00104호
주소   서울시 종로구 종로 19 르메이에르종로타운 B동 920호
전화   02) 735-1312
팩스   02) 735-5501
이메일   starbooks22@naver.com
ISBN   979-11-5795-646-3 03150